अनामिका

साहित्य अकादेमी पुरस्कार से पुरस्कृत कवि अनामिका का जन्म 17 अगस्त, 1961 को मुज़फ़्फ़रपुर, बिहार में हुआ। वे दिल्ली विश्वविद्यालय में अंग्रेज़ी की प्रोफ़ेसर हैं। उनकी पुरस्कृत और देश-दुनिया की बहुतेरी भाषाओं में अनूदित प्रमुख कृतियाँ हैं—*बीजाक्षर, अनुष्टुप, कविता में औरत, खुरदुरी हथेलियाँ, दूब-धान, टोकरी में दिगन्त, पानी को सब याद था, बन्द रास्तों का सफ़र, My Typewriter is My Piano, Vaishali Corridors* (कविता-संकलन); *अवान्तर कथा, दस द्वारे का पींजरा, तिनका-तिनके पास, आईनासाज़* (उपन्यास); *स्त्रीत्व का मानचित्र, स्वाधीनता का स्त्री-पक्ष, त्रिया चरित्रं : उत्तरकांड, स्त्री मुक्ति : साझा चूल्हा, स्त्री-मुक्ति की सामाजिकी : मध्यकालीन और नवजागरण, Feminist Poetics : Where Kingfishers Catch Fire, Donne Criticism Down the Ages, Treatment of Love and War in Post-War Women Poets, Proto-Feminist Hindi-Urdu World (1920-1964), Translating Racial Memory, Hindi Literature Today* आदि (आलोचना)।

ई-मेल : anamikapoetry@gmail.com

पानी को सब याद था

अनामिका

राजकमल पेपरबैक्स

राजकमल पेपरबैक्स में
पहला संस्करण : 2019
तीसरा संस्करण : 2024

राजकमल पेपरबैक्स : उत्कृष्ट साहित्य के जनसुलभ संस्करण

राजकमल प्रकाशन प्रा.लि.
1-बी, नेताजी सुभाष मार्ग, दरियागंज
नई दिल्ली-110 002
द्वारा प्रकाशित

शाखाएँ : अशोक राजपथ, साइंस कॉलेज के सामने, पटना-800 006
पहली मंजिल, दरबारी बिल्डिंग, महात्मा गांधी मार्ग, प्रयागराज-211 001
1, अनमोल सोराबजी संतुक लेन, धोबी तलाव, मरीन लाइंस, मुम्बई-400 002
वेबसाइट : www.rajkamalprakashan.com
ई-मेल : info@rajkamalprakashan.com

बी.के. ऑफसेट
नवीन शाहदरा, दिल्ली-110 032
द्वारा मुद्रित

मूल्य : ₹250

PANI KO SAB YAAD THA
Poems by Anamika

ISBN : 978-93-88753-88-3

सर्वशुक्ला सरस्वती, आत्मजा चिन्मयी त्रिपाठी और
उसके ऋषिमतुल्य माता-पिता,
डॉ. सत्यवती और प्रो. राधावल्लभ त्रिपाठी के लिए
सादर

अनुक्रम

कमरधनियाँ

काम के बोझ से कमर टूटी जिनकी,
उनकी भी होतीं कमरधनियाँ,
चाहे गिल्लट की होतीं, लेकिन होतीं!
झनझन-झन बजतीं वे
मिल-जुलकर मूसल चलाते हुए!
दस रुनझुनें मिलकर
पूरी अँगनैया झनका देतीं।
छत्तीस तोले की थीं जिनकी,
उन बेगमों में भी चलती
एक मज़ेदार-सी कहावत--
'इतना भी धीमे क्या बोलना,
आप बोलें, कमरधनी सुने!'
सत्तावन की जंग में
बेगमों की करधनियाँ भी
बेमोल ही बिक गईं!
अब कमरधनियाँ नहीं हैं
कमर अब कसी है इरादों से
और औरतों ने आवाज़ उठा ली है,
दादियों की बात मानते हुए
कि ऐसा भी धीरे क्या बोलना,
आप बोलें, कमरधनी सुने!
मोती-जैसे अक्षरों में कसी है उन्होंने
सारी कमरधनियों की रुनझुन!

फिर भी तो
रह-रहकर
आ जाती है नौबत
ऐसी ही खुसुर-फुसुर की
कि आप बोलें, कमरधनी सुने!
बोलने नहीं देते आका
शब्दों का पड़ जाता है फाँका!
ऐसे में अपनी-अपनी
दादियों को
हम याद करें,
याद करें बूढ़ी कहावतें—
'इतना भी धीरे क्या बोलना,
आप बोलें, कमरबन्द सुने!'
बोलें, मुँह खोलें जरा डटकर,
इतनी बड़ी तो नहीं है न दुनिया की कोई भी जेल
कि आदमी की आबादी समा जाए
और जो समा भी गई तो
वहीं जेल के भीतर झन-झन-झन
बोलेंगी हथकड़ियाँ,
ऐसे जैसे बोलती थीं कमरधनियाँ
मिल-जुलकर मूसल चलाते हुए।

हिन्दी साहित्य का घरेलू इतिहास

बहुत दूर से देखा था नानी ने
प्रयागजी में महादेवी वर्मा को
और तब से सोते-जागते हुए
उनके ही साथ रही वो!
उसकी भाषा में भी छन आई
नटखट-सी सविनय अवज्ञा!
जो भी करवाना होता, वो करवा लेती
आपा बिना खोए, मीठा मुस्काती हुई!
गर्मी की छुट्टियों में भी
बिठाकर पढ़ाती वो हिन्दी
और अगर हम भागते तो हमें
झूला झुलाती हुई कहती—
"सीख लो, बहुत काम आएगी!
'ख़ज़ाने का टापू' है ये भी
क़िस्से-कविताओं का ख़ज़ाना!
वैसे भी, परदेसी भाषा बोलते हुए
शतरंज खेलने का तनाव होता है
पर अपनी भाषा के आकाश में
गुड्डियाँ उड़ा सकते हो खुलकर।
गमबूट कस लेना होता है
अँगरेज़ी बोलते हुए
पर अपनी भाषा के पानी में
कर सकते हो मज़े में छप-छप!

अपनी भाषा में ही मज़ेदार
पिट्टो, गिल्ली-डंडा,
डेंगा-पानी, खो-खो
जैसे अनन्त खेल शब्दों से
खेले थे कालिदास या शेक्सपियर,
कबीर-तुलसी या मीर तकी मीर,
अपनी भाषा ही समझती है पीर।
अपनी ही भाषा में गाली भी गा सकते हैं,
अपनी ही भाषा में
रूठे हुओं को मना सकते हैं''
कहती थी नानी!

तरह-तरह की जुगतें भिड़ाते हुए
उसने पढ़ाए हमें धीरे-धीरे
सब भक्त कवि, सूफ़ी,
फिर रीतिकवि।
आबाद करती गई मन में
हिन्दी-पट्टी के सुनहरे विवाद
और वाद तरह-तरह के।
सबसे पहले लेकिन
खुसरो पढ़ाया—
'छाप-तिलक सब छीनी रे मोसे नैना मिलाय के
अपने ही रंग रंग लीनी रे मोसे नैना मिलाय के!'
आज तक जब करती हूँ कोई अनुवाद,
आती हैं याद यही पंक्तियाँ!
लगता है, ये ही तो होता है अनुवाद में—
अपने-अपने रंग रँगती हुई
एक दूसरे को
दो भाषिक संस्कृतियाँ आँखें मिलाती हैं!
यही समर्पण घटता है 'गीत गोविन्द' में भी
जब राधा कृष्ण के कपड़े पहन लेती है,
कृष्ण राधा के!
होली खेला करने में अपनी हिन्दी भी
कभी नहीं चूकी,

दूसरों को अपने रंग रँगा,
दूसरों के रंग ख़ुद भी रँगी!
जैसा कि भारत के
हर गली-मुहल्ले में
पलते थे बच्चे,
ये भी पली—
साझा मातृत्व मिला इसको
दादी-नानी-ताई-मामी-मौसी
या बगल की बुआ का!
सब लोकभाषाएँ
थीं इसकी माँएँ!
सबका ही दूध पिया इसने
तो ही मज़बूत हुई
ये हड्डियाँ इसकी।
आवाज़ में आई
बेगम अख़्तर की जादुई ठनक,
दुर्गा खोटे की रोबीली बनक,
और स्नेहिल भी बहुत निकली!
सब भगिनी भाषाओं के घर वो आई-गई,
अपने आँगन भी
दुलार से बुलाया।
एक पंगत में आराम से बिठाया
तत्सम-तद्भव-या कि देशज-विदेशज को,
तब ही तो इसके कवि ऐसे हुए
कि आज तलक
अस्त्र-शस्त्र गढ़ने के पहले
लोहार लोहा ले आते हैं उनसे,
शास्त्रज्ञ आते हैं उनसे ही भाषा के पेंच सीखने!
जैसे कि चे गोवेरा के समय
करते थे गुरिल्ला दस्ते
हवाई फायर,
हिन्दी के नए कवि भी
रात दो-ढाई बजे तक
करते हैं हवाई फायर

अच्छी कविताओं से
वॉट्सएप पर!
देर-रात चूँ-चूँ-चूँ
करता है मोबाइल
तो याद आते हैं
वही कुरूलिया पाखी
बारहवीं-चौदहवीं सदी की
रासो कथाओं में
जो बेचारी विरहनों को
तोस-भरोस दिया करते थे
एक साथ चूँ-चूँ-चूँ करते हुए
कि लो ख़तम हो गई
झमाझम बरसती हुई रात काली!
खुल जाएँगे जल्द ही रास्ते,
आ जाएँगे आने वाले!
आएँ-नहीं आएँ—
उम्मीद तो होगी आने की—
वो ही उम्मीद
जो देश-दुनिया की आँखों से लेकर
मेरी इस छलनी-छलनी, छटपट छाती तक में
जगाती है अजब तरह की एक
विरह वेदना--
कहाँ गया, गया कहाँ
वह सुन्दर सपना
जो देखा था हमने मिल-जुलके!
नए कवि और कार्यकर्त्ता पुराने
हारी हुई पार्टियों के
गाते हैं एक साथ कोरस में ये—
'रस्ते खुल जाएँगे
बादल छँट जाएँगे,
क्योंकि ज़िन्दा हैं अभी—
मुहावरे अपनी भाषा के!'

सुभद्रा कुमारी चौहान

भूमिगत दस्तों में
कहवाघरों में
अख़बार के दफ़्तरों में
शिक्षालयों में—
जो भी घटता है,
जो भी घटता है घर के बाहर,
उसकी परछाई घर के भीतर
ऐसे मचलती है
जैसे पानी में शहतीर रोशनी की—
थोड़ी-सी बाँकी होकर,
कुछ बिखरकर!
स्वाधीनता आन्दोलन के दौरान
भाइयों से जो सुने आख्यान
अँगरेज़ों की शेख़ी के,
वो ही घुट्टी में
पिलाती रही अपने बच्चों को
सुभद्रा कुमारी चौहान!
उन्होंने लक्ष्मीबाई को 'मर्दानी' कहा
लेकिन 'मर्दानी' हो
ख़ुद वे कभी नहीं लड़ीं,
तब भी नहीं जब वे
प्रत्यक्ष उतरीं सड़क पर
अन्याय से लोहा लेने!

जेल गईं!
वहाँ भी उन्होंने कहानियाँ लिखीं
उन क़ैदी माँओं की
जो देश की ख़ातिर
बच्चों से बिछड़ी थीं!
बच्चों का दर्द लिखा,
माँ का तनाव लिखा!
'मर्दानी' उनकी लड़ाई होती भी कैसे
उनका तो कोई रजवाड़ा नहीं था,
अपने हज़ार पाठकों के धड़कते
दिलों के सिवा!
आदमी का दिल ही
रजवाड़ा है ऐसा
जो कोई छीन नहीं सकता
जबर्दस्ती
बन्दूक़ की नोंक पर
तो उनका रजवाड़ा
अब तक सुरक्षित है
दिलों में हमारे!
बाक़ी रजवाड़े गए
क्योंकि मर्दाना थे
उनके हथकंडे
खोने या पाने के!

बहाने

लाज और लिहाज, पर्दादारी,
शाइस्तगी—
भूले-बिसरे इन एहसासों का
मर्म समझते हैं बहाने,
मुझको तो अच्छे लगते हैं बहाने,
किसी विनम्र इल्तजा के प्रत्युत्तर में
कम-से-कम
मुँह पर ये नहीं थूकते!
'ये मुँह और मसूर की दाल' कैसे कहें
तो लड़कियाँ
ओढ़ लेती हैं मजबूरियाँ
संदली दुपट्टे की लय में।
हर झूठ बुरा नहीं होता,
कुछ झूठों में होती है माया-ममता,
लोग परेशान रहते हैं अपनी हज़ार दिक़्क़तों से,
किसी को कहाँ तक आइना दिखाएँ!
अच्छा है, ख़ुद ओट ले लें
और इन बहानों की चिल्मन बनाएँ!
बात एक यह भी है कि
खरी-खरी कुछ सुनाने के लिए
रूह में जो चाहिए ताक़त,
उससे भी ज़्यादा ताक़त चाहिए

चुपचाप जज्ब किया करने को वो
जोकि यों कहा गया
खरा-खरा!
सच सुनने की हिम्मत हो तो
वह बोला भी जाए,
पर जब तक आती नहीं वो घड़ी,
थूकम-फजीहत से
तो अच्छा है यही
कि वक़्त की दराज में रख दें
कुछ फ़ैसले और बात टालें!

× × ×

ये बात तो सच है
कि झूठ के अपने पाँव नहीं होते
तो वह घिसटता दिखाई देता है
उन गलियों में
जहाँ लोग पैदा कर छोड़ गए थे उसे!
नाजायज़ सन्तानों की फ़ितरत झेलता हुआ
चौराहों पर यह बेचारा
दिखाता है करतब!
पाँच रुपए की मलाई बरफ़
मैं भी खिलाती हूँ
एक नन्हे झूठ को
जो बेच जाता है बातों-बातों में
हर ट्रैफ़िक लाइट पर
दस की दो क़लमें
और झाड़नें सौ की चार!
इन्हीं झाड़नों, इन्हीं क़लमों के आसरे
चलता है मेरा लेखन—व्यापार!

× × ×

इतना आसान भी नहीं है
स्वप्न की तरह बाँचना सच को
जैसा कि कविता में होता है!
दोस्त जानते हैं, ये मुश्किल है,
जान पर बन आती है कभी-कभी!

तब ही वे कभी-कभी फ़ोन किया करते हैं
और पूछ लेते हैं हाल!
क्या उन्हें बताऊँ और कैसे
कि भीतर क्या चल रहा है,
मुझको ही क्या यह ठीक से पता है कि हूँ कैसी? अच्छी-बुरी?
इस दुनिया के रंग देखते हुए
जब कलेजा मुँह को आता है,
मुँह में दही ही जम जाता है!
कोई पूछता है
कि मुँह उतर गया है,
ठीक चल रहा है न घर-बाहर?
झट से कह देती हूँ हँसकर—
"वैसे तो सब ठीक है,
थोड़ा सर दुख रहा है!"
ये झूठ रूपक है,
मेरे प्यारे दोस्तो,
हाँ, इक लिहाफ़ ही समझना इसे!
कभी-कभी बहुत ठंड लगती है मुझको,
अवरुद्ध होता है मेरा गला
तो आज़माती हूँ मैं ख़ुद पर
वही पुराना नुस्ख़ा
अपनी सलमा बाजी से सीखा हुआ—
'किस-किस का नाम लीजिए,
किस-किसको रोइए, आराम बड़ी चीज़ है,
मुँह ढँक के सोइए!'
कुल जमा बात ये है कि
ये बहानेबाजी
सलमा बाजी की तरह
है मेरी इतनी सगी
कि मेरा काम ही नहीं चलता
इसके बिना!
लाज और लिहाज, पर्दादारी,
शाइस्तगी—
भूले-बिसरे इन एहसासों का

मर्म समझते हैं बहाने,
मुझको तो
अच्छे लगते हैं बहाने!

सभा-सोसाइटी

जीवन की पिछली क़तारों में
औचक ही आ बैठती हैं कुछ ख़ुशियाँ
जैसे कि कोई भला आदमी आन बैठा हो
अपनी पत्नी की सम्मान सभा में!
बच्चों की उँगलियाँ पकड़कर,
धीरे-धीरे क़दम उठाता,
हाँ-ना से जूझता हुआ
वो पहुँच ही गया हो किसी तरह
तो कैसी बाँछें खिल जाती हैं उसकी
जो मंच पर उदास बैठी हुई
सोच रही होती है कि
क्या हो रहा होगा घर पर
और अभी क्या होगा जाने पर!
ऐसे ही एकदम अचानक
दुःख आन बैठते हैं मन में!
दूर कहीं से बस पकड़कर चले थे
कितना पहले,
यह तो पता नहीं चलता
पर चौंक जाता है आदमी
जब वे अचानक ही
आन बैठते हैं
जैसे कि शोकसभा में
किसी पुराने कवि की

कोई नया आलोचक आ बैठे
गमछे से पसिनाया मुँह पोंछता!
युवतर आलोचक और पुराने स्वामी के
बैठने में एक अजब बात होती है,
कुर्सी पर आधा ही बैठते हैं वे
जैसे कि अभी-अभी
उठ ही जाना हो,
उठकर चल देना हो
तिरछे!
पचपन तो काम याद आते हैं उनको
और सत्तावन प्रसंग
जब वे झल्लाए थे—
और कोसा था उसे
जिसकी विरुदावलियाँ
गाते अब लोग नहीं थक रहे!
'सब सेटिंग की बात है
वरना इसकी क्या तो औक़ात है!'
सोचते हैं वे ज़रूर, फिर भी यही मानना ठीक है
कि दिल के बुरे वे नहीं होते,
बस कुछ घबराए-से होते हैं।
आप भी घबरा जाएँगे, जनाब
जब आपकी कुर्सी
अचानक उठे और बोले—
'ऐसे तो धम्म नहीं बैठो,
मुझको भी लगती है चोट,
पँखुरा उखड़ जाएगा मेरा,
ऐसे न मुझको धकेलो!'
वैसे तो कुछ भी अचानक नहीं होता,
पर ऐसा लगता है
कि औचक कुछ हुआ!
जीवन की पिछली क़तारों में
औचक ही आ बैठीं ख़ुशियाँ,
दुःख आन बैठा!

तिरहुतिया दुलार

यह एक प्रेम कथा है
जूठन खाने के सोहाग से भरी!
'सोहाग'
जिसका कि कोहबर रचा जाता था
गोबर से दीवार पर—
'जैसे गंग-जमुन धारा,
अमर रहे सोहाग तुम्हारा!'
दिन-दिन भर
कड़ी धूप में बैठकर
पाड़ती जो तिलौड़ियाँ—
वे लड़कियाँ
सपने में भी ये नहीं सोच पातीं कि
उनकी थाल पर कभी बरसेगा ये सुहाग
मुखसुख का,
उनके भी हिस्से आएँगी किसी शाम तिल की लड़ियाँ या फुलुकबड़ियाँ!
पर फूफाजी एक थे
जिनको फुआ से
इतना था प्रेम
कि अपनी थाली में
भरपूर डलवाते
सब-कुछ
जो था मेरी फुआ को पसन्द
तिलौड़ी-फुलौरी,

चक्का-बचका,
और छू कर छोड़ देते वे
ज़्यादातर चीज़ें यह सोचते हुए
कि आख़िर उनकी थाली में का बचा हुआ
उनकी ही पत्नी की
थाली में जाएगा,
और भला कौन उनका जूठन खाएगा!
यह उनका 'आइ लव यू' ही था
उस युग में
जब कि लोग
बुजुर्गों के सामने
अपना बच्चा भी कभी
उठाते नहीं गोद में,
और पत्नी का श्रीमुख भी
नहीं देखते दिन-दहाड़े!
जो बीड़ी पीते,
वे रात को देख भी लेते
पत्नी का मुखड़ा
माचिस जलाके,
पर जिनके पल्ले माचिस नहीं होती,
वे भूल ही जाते
कि किस को देखा था
एक झलक
कोहबर में!
और फिर इसी तरह
प्रकारांतर से
बढ़ी जाती
उनकी यह प्रेमकथा
जैसे कि गंग-जमुन जलधारा
दूर कहीं—
आँचल में जूठे वे दोने अँकवारती हुई!

घनानन्द

'अति सूधो सनेह को मारग है,
जहाँ नैकु सयानप बाँक नहीं'
सूधो सनेह के मारग पर ही
तुम चले थे, महाकवि,
फिर भी यह बंकिमता!
कहीं-न-कहीं तो पगडंडी-सा
यह बाँकपन आ ही जुड़ता है
प्रेम के सरल मार्ग से।
दुनिया के दरबार से
यों ही निकाल दिए जाते हैं प्रेमी
और टिककर बैठ जाते हैं मदमस्त
अपने वजूद की नदी के किनारे।
हँसते हुए ख़ुद पर
ऐसी ही बाँकी चुटकियाँ लिया करते हैं
तब वे
अपने लला से—
'तुम कौन धों पाटी पढ़े हो, लला,
मन लेहुँ पे देहुँ छटाँक नहीं!'
कौन नहीं जानता—
प्रेम गणित की कक्षा में
हरदम पीछे बैठा,
खिड़की से देखता हुआ मेघदूत
या हिरामन सुआ,

तभी न्याय की देवी ने इसको तराजू नहीं दी,
पर दधीचि ने दे दीं अपनी आँखें—
सब हड्डियाँ दान देने के बाद जो बचीं
टिमटिमाती खोह में!
ज़िन्दगी के श्लेष में अर्थ
लिपटा ही रहता है दोहरा
जैसे कि छटा आँकता यह छटाँक
'बटखरा' भी समझा जा सकता है।
इसी तरह 'मन' बटखरे वाला
आराम से समझा जा सकता है
मन वो बहने और बहता चला जाने वाला
—सूधो मारग से
भँवरीली बंकिमता तक बहता
और अन्त में होता
दोनों के पार,
'आनन्दघन' की तरह
बरसता उसी भाव से
पीठ फेर बैठी सुजानों पर,
दुनिया के जाने-अनजानों पर!

सुजान

''प्राण परै उरझै मुरझै निस बासर मैन कहा तन आवत
मोहिनी सूरत को दरसाय सुजान कहो इत क्यों नहिं आवत''।
कैसे चली आती तुम तक सुजान, प्रिय घनानन्द?
बरसाती नद-सा उमगता हुआ
जैसे कि प्रेम चला आता है जीवन में---
बँधे हुए पाँवों में आती नहीं ताक़त
जंज़ीरें तोड़ दौड़ आने की!
आते-आते आता है जाँगर,
आते-आते आती है हिम्मत
तूफ़ान की बाँह थाम नाच जाने की!
उद्दाम माधवी लता
करती है उल्टी हवाओं में छूमछनन
पंखुड़ी बिखेरती हुई जैसे पथ में,
मैं नाच सकती थी
गत-तोड़े-टुकड़े-परन
राह में तुम्हरी बिछाती पलक-पाँवड़े
लेकिन ठगी-सी खड़ी रह गई मैं तो
और राह ही मुड़ गई।
नाच ही गया जैसे,
और फेरकर मुँह खड़ा हो गया
'सूधो सनेह को मारग' वो अपना
जो गौओं-सा मुँह उठाए
दौड़ा चला आता था तुम-से मुझ तक, मुझसे तुम तक।

गोधूलि की अकबक में
अब तक थकमक-सी खड़ी हूँ
जहाँ-की-तहाँ जैसे
प्रौढ़ा कुट्टिनी दूतिकाएँ
मारे गए योद्धाओं की
किन्हीं पद्मिनी नायिकाओं की चौखट पर!
आलाप भरते हुए वैसे तो
सचमुच बिसर जाती है दुनियादारी
पर उस दिन तो तुमने हद कर दी!
मेरी तरफ़ मुड़ गए और
राजा को पीठ ही दिखा दी!
देशनिकाले का फ़रमान सुनकर
कैसे प्रशस्तमन भरोसे से बोले
कि आओ, साथ चलो!
एकदम से पास आकर खड़े हो गए...!
प्रलयलीन पृथ्वी हुई मेरे मन की...
कैसे अब तुमको समझाऊँ मैं—
मार डालता तुमको राजा
मैं उठकर साथ चली आती जो।

× × ×

तुलसी की रतना पर भी आती है तोहमत!
कहते हैं, उसने भी राह नहीं रोकी,
पर रोक पाया है कौन भला राह किसी की?
जहाँ भी पहुँचना है जिसको, वो पहुँचता है वहीं!
एक कंदील-सी कहीं टाँग जाता है
बीच राह उठकर बहाना कोई!
मैं भी बहाना हुई
तुम तक तुम्हीं से जो राह गई,
मैं उस पर कंदील टाँग गई!

× × ×

फिर जैसे युग बीते,
सारे सिंगार हुए बासी!
टूटे जो घुंघरू, सितारे हुए!
टूट गए सब रिश्ते-नाते,

लेकिन घनघोर घटाटोपों के बीच कहीं
आस अभी तक दमकती है
कि मिलना होगा दुबारा
अचानक कभी!
चाँद और सूरज की जगमणियाँ हों गवाह!
"सिमतमणि अल्ला, नबीचमणि मुहम्मद, तुरंगमणि बुराक,
गजमणि एरावत...चत्रा दिस मासूम परनमणि अली बीच
सीतल भलो मिहिस्त एतीमाम...सुजान अस्तुति कीन!"

स्त्री सुबोधिनी : उत्तर कथा : शूर्पणखा

सोचो तो कैसे
घिसटती गई होगी दूर तलक
क्षत-विक्षत हिरण-देह शूर्पणखा की—
नाक-कान विरत!
कहते हैं, होनी-अनहोनी की,
हर घट-अघट की
एक सूक्ष्म छाया-सी
हो जाती है दर्ज सदा के लिए
आकाश की आँखों में!
ठीक से देखो ज़रा
सर उठाकर—
भीत और स्फीत
आँखें वे स्वप्नदग्ध
छलछलाती-कँपकँपाती-सी!
हर घाव से, देखो,
भभककर सहमती,
सहमकर भभकती,
धार-धार,
जार-जार बहती है
टहक लालिमा राग की।
और अन्त में केवल एक बूँद बचती है,
जीवन के सूखे हुए
ओंठ पर
थकमकाई हुई।

सोलह बरस की ही थी वो तो,
हमारे समय में अगर होती,
दसवीं की बोर्ड परीक्षा देती!
संथाली बच्ची का भोला आकर्षण
शहरी दिकू के लिए—
इसमें बड़ी बात क्या थी!
मोह तो बहल जाता है इस उमर में
फूल से, कहानी से, तितली से!

शूर्पणखा,
तुमसे कहूँ तो क्या!
तुम तो बच्ची ही थी
मेरी बच्ची की उमर की!
दुनिया, बेटी, देखो,
अब तक नहीं बदली!
अब भी विकट ही है
हर यात्रा कामना की!
नन्हा-सा डैना उठा,
एक नन्हा रोआँ काँपा
कि छूटने लगते हैं तीर
चारों दिशाओं से,
हुँकार उठते हैं तूणीरधारी—
भोग में पगे हों
कि योग में पगे।
हाँ लेकिन,
एक बात तो कहनी है तुमसे!
पुरुष से निबटने में पुरुष नहीं बनते!
हर चोट अपने प्रत्युत्तर में
चोटों की चतुरंगिणी सेना साजे तो
थम पाएँगे क्या कभी भी
कुटिल युद्ध के सिलसिले?

करदंड न्याय

वृद्धावस्था की सन्तान की तरह
जाने-अनजाने हुईं
पर आख़िर सब ग़लतियाँ
मेरी अपनी ही थीं!
जब मुझको सब छोड़ जाएँगे,
तब भी ये ठठी रहेंगी!
मृत्युशय्या पर भी साथ नहीं छोड़ेंगी,
बल्कि दादी का तो कहना है कि
कुछ जो जाएगा साथ
तो यही जाएँगी
और साथ पैदा भी होंगी
चित्त की परम वृत्तियाँ बनके!
आसान होगी नहीं निर्जरा इनकी!
अगले कई जन्मों तक
घर की चींटियाँ बनेंगी!
झमझमाती रात में ये
निकल आएँगी बिल के बाहर
सदलबल
और
टुसटुसाएँगी
पसिनाई गर्दन के पीछे,
कभी कान में भी घुस जाएँगी!
सोचती हूँ कभी-कभी

जब एक आदमी की ग़लतियों का
बन जाता है ऐसा रेला
कि ये चींटी-चाल से चलती
पीछे हमारे लगी रहती हैं सदियों,
इतिहास की भूलों का आख़िर क्या होता होगा!
मत्त गयन्द की तरह क्या वे आती हैं पीछे
अधिरथियों,
सेनापतियों के,
भूपतियों के—
और सूँड में उनको
ऐसे लपेटकर पटकती हैं
कि वे कहीं के नहीं रहते?
पर उनके वारे-न्यारे के लिए
क्या हम सदियों इन्तज़ार करें?
कोई मेरी खाट खड़ी करे,
कर भी दूँ माफ़,
पर है ये कैसा इंसाफ़
कि मेरी आँखों के आगे
कोई किसी पर अन्याय करे
और मैं देखूँ चुपचाप?
दादी से पूछती हूँ!
दादी चुप हैं लेकिन
बोल रही हैं दिशाएँ!
आपातकाल में सही है
करदंड न्याय!

क्षिति जलपावक

कहते हैं वैद्यराज,
वैसे तो पाँच तत्वों की बनी है यह काया,
लेकिन हर मन पर होती है अलग छाया
किसी एक महातत्व की!
ये ही होता है रिश्तों में भी।
कुछ रिश्ते आकाश होते हैं,
कुछ पानी—
मटियाले, आग्नेय, हवा-हवाई भी कुछ होते हैं ये!
अब जैसे—
अनुशासित रोगी से परमवृद्ध वैद्यराज का रिश्ता
या पुराने छात्र से उसके शिक्षक का,
किसी प्रखर पाठक से लेखक का रिश्ता
—सम्बन्धों का हैं आकाश यही रिश्ते!
उम्र-भर एक मुलाक़ात जो गई
कवि दांते की बिएट्रिस से
या हमारी ही
उन सबसे
जिनकी हमने सिर्फ़ एक झलक देखी थी
दूर मेले में कहीं,
पुस्तकालय में,
किसी सफ़र में ट्रेन पर,
बस में,
पुराने सिनेमा में

या सहेली के घर,
फिर भी जो अब तक हैं
आत्मा के सहचर,
वे भी सम्बन्धों का आकाश ही तो हैं,
और भला क्या हैं!
रिश्तों का पानी हैं आँसू
सुख में भी, दुख में भी साथ बहे,
रोके से नहीं रुके!
सम्बन्धों की आग हैं वे रगड़घस
जो हम अपनों से कर लेते हैं रोज़-रोज़,
रूठने-मानने के वे अनन्त सिलसिले,
गरमागरम वे बहस-मुबाहिसे!
रिश्तों की आग हैं यही
जिनसे सुलगता है ठंडा अलाव,
सम्बन्धों का ऑक्सीजन हैं
वे साझा सपने!
रिश्तों की माटी हैं उम्मीदें—
कर देती हैं मटियामेट यही!
कभी खेलते-खेलते
तलवों पर धूल जो चढ़े
तो पोंछ लेना तुम आँचल से
सोने के पहले,
वरना ये नींद में गड़ेगी
जनम-भर!
कहते हैं वैद्यराज—
"मज़े-मज़े में होना आकाश,
होना अगन-पवन-पानी
पर माटी में पैर गोड़ने हों तो
सँभलना!
थोड़ा निहुर जाना
धनरोपनी में झुकी उस किसानिन की लय में
जिसे पीठ पर झेलनी है बहुत मार—
मौसम की हो या महँगाई की,
हूक उठे, आँख में चुभे किरकिरी,

फिर भी करनी है मेहनत लगातार।"
कहते हैं वैद्यराज,
ख़ुद भी निहुरके
मुल्तानी मिट्टी
उलीचते हुए!

केतली

चाय को कहते थे 'चाह' हमारी तरफ़!
ऐन चौराहे पर
'चाह' खौलती केतली में—
सबमें बँट जाने की चाह,
थके हुए लोगों की
चुस्की बन जाने की चाह!
आपसदारी का सघनतम रोमांस
हुआ करती है 'चाह'
चाहे वह ठंड में ठिठुरते हुए
खुरदरी बेंच पर ढाबे की
पी गई हो या
कुछ-कुछ बतियाते
चौके की साझा पिढ़िया पर
चाय की सोचते हुए
याद आते हैं बिना कान के कप भी,
कुछ लोगों को उनमें ही चाय मिलती है
अब भी!
यह मत समझना कि
बिना कान के केवल कप ही हैं,
बिना कान की है व्यवस्था भी
जो चाय-चाय में अब भी फरक करती है—
एक मलाईमार भी चाय होती है,
और दूसरी-तीसरी औंटनों की

वो धोवन भी
कहलाती है चाय ही!
कई दौर आहों के,
चाहों के निकल गए!
हाँ लेकिन इतना तो है ही
कि अब भी चाय
आपसदारी की लय में ही पी जाती है
और धीमी चुस्कियों में जी ली जाती है
ज़िन्दगी—
चाहे वह जैसी भी हो!

ठुमरी

जब भी पढ़ती हूँ अख़बार
कि नहीं बनी फिर से बात,
सधा नहीं संवाद
भूमिगत पार्टियों से सत्ता का,
सोचती हूँ—
आख़िर क्या है जो
आड़े आता है
संवादों में ?
कहते हैं, दिल से दिल तक राह जाती है,
और राह यह वाली
आँकी-बाँकी भी नहीं होती!
बात अगर दिल से निकली हो
तो दिल तक जाती है ज़रूर!
याद करें बेगम अख़्तर की वो ठुमरी
जिस पर कि युद्ध टला था!
शिमला समझौते की एक रात पहले
मुकर गए थे भुट्टो,
सकुचा रहे थे कुछ आने में,
ग़ज़ब का तनाव था
मोर्चे की दोनों तरफ़
कि गूँजे ठुमरी के बोल—
'आ जा बलमजी हमरे दुआरे,
सारा झगरा ख़तम होइ जाए!'

दोधारी बातों की मार,
लड़ने को थे जो तैयार,
उमगकर गले मिल गए!
ठुमरी ख़तम होने तक
पिघल गई सारी बरफ़
और तड़पकर बढ़े राजनायक
एक-दूसरे की तरफ़!
लहरों की उठा-पटक के
बीचों-बीच कहीं,
मूँगे के द्वीप-सा अकेला है
वैसे तो हर दिल ही,
पर जब भी मेरा अकेलापन
तुम्हारे अकेलेपन तक
अपना हाथ बढ़ा देता है
और उन तरंगों का
एक सूफ़ी सिलसिला
जा पहुँचता है
दिल की नम माटी,
उसके मर्म तक,
एकदम से ठहर जाती है कायनात
और चुटकियों में
बन जाती है बात
जो वैसे कभी नहीं बनती!

ख़ुशफ़हमियाँ

ख़ुशफ़हमियाँ यानी भोले भरम
जो हमको बहलाकर निनिया सुलाते हैं
लोरी सुनाते हुए
कि राजा बेटा हैं हम,
इस पूरी कायनात से ऊपर,
चन्दा-सूरज, जाने क्या-क्या!
ख़ुशफ़हमियाँ यानी
कुछ ख़ुशनुमा-से
अपने बारे में या अपनों के।
ख़ुशफ़हमियाँ
जिनके आँचल में होते हैं भरे हुए
कुटकुट बताशे
जैसे कि जन्नत,
उल्फ़त,
प्रेम-आपसदारी—
कविता-यूटोपिया या अमरता!
कुछ ख़ुशफ़हमियाँ
पाली हैं मैंने भी
अपनी छाती से लगाके!
ख़ुशफ़हमियाँ दरअसल
हैं मेरी गोद ली हुई बच्चियाँ!
बहुत प्यार करती हैं मुझसे!
लगातार ही करती हैं आगे-पीछे!

नाज़ुक उँगलियों से जिल्द चढ़ा देती हैं
और बन्द खुलने नहीं देतीं
चिन्दी-चिन्दी ज़िन्दगी के!
इनसे जोड़-सोड़ बतियाती
काम किया करती हूँ घर के
और बाहर के!
फिर जब बहुत ज़्यादा थक जाती हूँ,
ये मीठी बाँसुरी बजाती हैं
और फंटूस कुछ कथाएँ सुनाती हैं,
कर देती हैं माथे की चम्पी!
तेज़ बुख़ार में कभी
सबसे छुपाकर खिलाती हैं
हवा की मिठाई!
सपने दिखाती है जैसे
नेटफ़्लिक्स पर सिनेमा—
वो ही इप्टा के दिनों के—
'वो सुबह कभी तो आएगी' वग़ैरह!
सच मेरा बहुत कड़क स्वामी है,
ख़ुशफ़हमियाँ मेरी श्याम सखा ठहरीं!
पर चूँकि सच सच है,
बहुत कड़क है
और स्वामी है—
उसकी नहीं पटती
मेरी इन ख़ुशफ़हमियों से!
ये भी उसकी हॉर्न सुनते ही
छितरा जाती हैं,
लेकिन बड़ी ख़ासियत इनकी यह है
कि ये गुज़ारा कर लेती हैं
छुपकर कहीं भी—
जैसे कि कविता में यूटोपिया
या मेरे जूड़े में नन्हा-सा क्लिप मेरा!
ख़ुशफ़हमियाँ वैसे
ऊपर वाले की भी बहुत मुँहलगी हैं!
हर सच में थोड़ी-सी माया मिला देता है

और इस तरह सब का
काम चला देता है!
सीधे कैसे भला गटकते हम
कुनैन की गोली?

अलाव

स्वप्न एक एकान्त रचता है।

सूखी-गीली कुछ लकड़ियों से
रचता है अपना अलाव
शकरकंद भूनता हुआ,
और फिर सजा देता है मोढ़े
आग के चारों तरफ़!
और तब उसे घेरकर
बैठने चली आती हैं
चारों दिशाओं से हवाएँ!
आग तापती हैं वे
ऐसी मुद्रा में
जैसे कि दे रही हों आग को आशिष
कि आग जिए और ख़ूब जिए!
एकान्त आमंत्रण
रमन-चमन रचता है
कविता में
इसी तरह!

डीलीट

जी भर गया है।
उपटा गया है जी, अकछ गई है मेमरी
मेरे कम्प्यूटर की!
अच्छा तो प्रलयंकर होती हूँ!
आँख मूँदकर दबा देती हूँ
'डीलीट'!
उड़ रही हैं टिड्डियों-जैसी
गश्ती मंगलकामनाएँ,
लौट रही होंगी मंगल ग्रह ही वापस,
या शायद जंगल में मंगल मनाएँगी!
वैसे, मंगलकामनाएँ
सबसे ज़्यादा चाहिए जंगलों को ही!
हम जिस पर कुल्हाड़े चलाते हैं,
उसका भी मंगल मनाते हैं—
ख़ासियत है यह हमारी—
'सर्वे भवन्तु सुखिन: '—
गाती है लोमड़ी
और सिर हिलाती है बिल्ली
अस्सी चूहे खाके
हज को चली!

अमरफल

"भिक्षा दे दे, माई!"
बहुत कनफटे जोगी देखे हैं बचपन में
सारंगी पर गाते गाथा
पिंगला रानी और भर्तृहरि की!
घेरकर उन्हें रोने लगती थीं औरतें मुहल्ले की,
ख़ासकर वहाँ जहाँ राजा
अपनी ही रानी को
कहते थे "माई"!
एक दिन डरते हुए मैंने नानी से पूछा—
"एक अमरफल पर इतना बवाल?
क्या कोई अपने सखा को
अपने हिस्से का कुछ अच्छा-सा दे भी नहीं सकता?"
नानी ने घबराकर
मेरे मुँह में अपना आँचल ही ठूँस दिया—
"बहुत बोलती है यह लड़की!
तुझे पद्मिनी नायिका बनना है कि रणचंडी?"
शाम तलक आँगन में क्लास लगी मेरी
स्त्री सुबोधिनी-शृंखला वाली!
मैंने कहा—"मुझको कोई नहीं होना!
मैं कोई नहीं ही भली!
मगर कहे देती हूँ, नानी,
अगर मुझे अमरफल मिला
तो मैं उसे

तुम्हारे इसी हँसिए से
आठ फाँक काटूँगी,
बाँटूँगी एक-एक फाँक
जहाँ-जहाँ दिल चाहे!
क्या करूँगी मैं अकेली अमर होकर?
मुझको कौआना नहीं है
बेकार ही साथियों से बिछड़कर!
और सुनो, ऐ नन्ना
एक फाँक तुमको भी दूँगी
अपने अमरफल से
कि वो भी दिन देखने को
तुम ज़िन्दा रहो
जबकि रानी पिंगलाएँ ही जोग धार लेंगी,
चल देंगी छोड़-छाड़कर
ऐसे घनचक्कर राजाओं को
जो ज़रा-सी बात पर
हो जाते हों
जामे के बाहर!''
इस बात पर मेरी नानी
अपने सुबुक मुँह में पान डाल मुसकाईं,
संग-संग उनके फिर मुसका दीं
सब औरतें ऐसे राजाओं की
जो ज़रा-सी बात पर हत्थे से उखड़कर
हो जाते थे जामे के बाहर!''
आज सोचती हूँ—
क्या होता है यह अमरफल
जो कि किसी कर्मफल की तरह
न ही बाँटा जा सकता है, न ही काटा!
शायद यह जीवन के मर्म की समझ है
जो कि किसी के समझाए गले नहीं उतरती!
जीवन के निविड़तम क्षणों में कुतरता है आदमी इसे
तो ही गले से उतरती है
रसधार छोड़ती हुई, सींचती हुई रस से पोर-पोर!
होते हैं केवल एहसास अमर,

बाक़ी सब जाता है छूट!
इसी अमरफल की रसधार से सिंचकर
हंस अकेला जाईं!
भिक्षा दे दे, माई!
बहुत कनफटे जोगी देखे हैं बचपन में
सारंगी पर गाते गाथा अमरफल की!

पूर्णमिदम्

जिस रात पूरा किया 'उत्तरकांड',
बहुत देर नींद नहीं आई,
फिर नींद के झुटपुटे में दो दृश्य दीखे!
पहले में धरती की छाती फटी थी
सीता के दुख से,
पर सीता उसमें समाई नहीं थीं!
गोद में धरती का सिर रखकर
समझा रही थीं उसे
''कि कोई दुख इतना बड़ा नहीं होता
जो झेला न जाए!
फिर सृष्टि का यह नियम है
'लव-कुश की तरह ही सदा
जुड़वा पैदा होते हैं दुख-सुख!
अकेलेपन के अपने मज़े हैं,
खासकर औरत की ख़ातिर
वार्धक्य फ़ुर्सत है!
'स्रवन समीप भए सित केसा'—
यह स्थिति जब किसी
औरत के जीवन में आती है,
धूप-हवा सी वह तो बिलकुल महीन
और हल्की हो जाती है!
भली भई मेरी मटकी फूटी,
मैं तो पनिया भरन से छूटी!

इस अकूत फ़ुर्सत में ही
वह गढ़ सकती है रुद्रवीणा
किसी अधूरे स्वप्न से लेकर तार,
कल्पवृक्ष से लेकर लकड़ी
और छेड़ सकती है महाशून्य पर
राग आसावरी!''
माँ-बेटी का यह संवाद सुना
तो झक से आँख खुल गई मेरी!
मुश्किल से जब वह दोबारा लगी
तो देखा निश्चिन्त बैठी हैं सीता
अपना अकेलापन रुद्रवीणा-सा बजाती हुई!
इसी रुद्रवीणा की धुन अकानता
आया है रावण उन्हें ढूँढ़ता,
फिर से आशान्वित कि राम की अब तो दुनिया अलग है,
लव-कुश की भी पूरी हो ही गई ज़िम्मेदारी,
आ बैठा सूखे पत्तों की चटाई पर, धीरे-से बोला—
''देवि, अब हम दोनों ही
उम्र के उस मोड़ पर आ गए हैं
जहाँ प्रेम देह की कछार छोड़कर
हो जाता है एक मीठी आपसदारी!
बहुत भटककर फिर से आया हूँ
द्वार तुम्हारे!
क्या तुम मुझे रुद्रवीणा सिखाओगी?''
सीता ने तिनके की ओट नहीं ली,
सीधा ही बोलीं इस बार—
''कोई किसी और की रुद्रवीणा
कैसे बजाए भला?
जितना भटककर तुम आए हो मुझ तक,
उससे भी ज़्यादा भटककर
मैं आई हूँ वापस अपनी ख़ुदी तक!
यह रुद्रवीणा ही है अब तो मेरा वजूद!
ख़ुद अपनी लड़कियाँ काटो,
ख़ुद रुद्रवीणा गढ़ो
जो भी लय-ताल सिखानी होगी,

प्रकृति ख़ुद ही सिखा देगी!
जाओ हे भिक्षुप्रवर
इस बार लौटा रही हूँ तुम्हें पहचानकर मर्म जीवन का!
आघात ही मुक्ति का मार्ग है, बन्धु,
इससे ही जगते हैं वीणा में राग!
ख़ुद अपनी रागिनी सुनो और लौटो
अपनी ख़ुदी तक!
तुम विराग के और रागों के भी
सर्वथा योग्य हो—
गायक हो महाशून्य का,
शून्य से शून्य घटा, शून्य बचा!"

नींद-1

आँखों से बिछड़ गई नींद,
घूमती है बाल बिखराए गली में पगलिया-सी!
छोटी थी तो मेरी बहुत सगी थी!
अब भी कभी आकर पास लेट जाती है,
मेरी थकी रीढ़ पर
अपनी उँगलियाँ चलाती है
जैसे कि यह रीढ़ एक बाँसुरी हो
कभी-कभी होंठों की सिहरन भी
होती है महसूस
इस अटपटी रीढ़ पर!
साँसों से फूटती है एक अस्फुट धुन,
शून्य में बिला जाती है!
आख़िर कहाँ जाती है?
वैसे तो हर शै
        इस कायनात की
        है प्रतीक्षा में,
पर किस चौखट पर रुका
कौन गांधार और
कौन-सा ऋषभ
कौन-सा मध्यम,
कौन-सा षडज—
और कहाँ रुक गई पूरी सरगम ही साँसों की—
कौन कहे!

साँसों की धुन अकानता
धीरे-धीरे निकल जाता है
नींद में चलता हुआ
घर से घर,
मन से डर!
और उक्ति यह तुलसी बाबा की
घहर-घहर जाती हैं कहीं शून्य में—
'डासत ही गई बीत निसा सब,
कबहुँ न नाथ नींद-भर सोयो!'
'रात गई बिस्तर बिछाने में'
और जीने की तैयारी में
ज़िन्दगी गई!

नींद–2

कभी–कभी लगता है,
नींद वही बूँद है शहद की
जिसे लोकना चाहती है
मृत्युमुखी व्यक्ति की जिह्वा
उस डाल के छत्ते से सीधा
जो टूट सकती है या
छूट सकती है हाथों से
कभी भी, किसी क्षण!
नींद की यही बूँद बचती है होंठों पर
पल–दो–पल
और फिर वही एक एहसास—
अन्धे कुएँ में हहाती वो मद्धिम–सी छप्!
अन्धे कुएँ के उधर क्या तो होगा भला? देखूँ ज़रा!
सोता है जलते हुए खेत की धाह में हरखू
'पूस की रात' अकबकाती है!
झिपी चली जाती हैं आँखें तो सोचता है वो ये ही मन ही मन
"कल की तो कल देखी जाएगी, सो लें अभी!
कैसी अजब झुरझुरी है।
मेरी चमड़ी मुझको पूरी नहीं पड़ती!"
उसके भी आगे
सदियों की नींद ओढ़
सोई अहिल्या—
पथराई हैं उसकी आँखें!

खुलना नहीं चाहतीं :
देखने को अब बचा क्या है!
'देखी तेरी दुनिया, साधो,
देखी तेरी दुनिया'!
चट्टानों के बीच जैसे नदी बहती है,
पाषाण को भी हँसी आ ही जाती है कभी-कभी!
उसके भी कुछ आगे
एक साँवली स्त्री
'निद्रारूपेण संस्थिता'
अपनी गोदी में सुलाती है
सारे थके-हारों को!
एक नींद है ज़िन्दगी भी,
मीठी-सी झप्पी
स्वप्न और जागरण की
दो बिछुड़ी बहनों के बीच
हहाकार घटी!

सेल्फ़ी

[माई री मैं तो गोविन्द लीनो मोल]

चित्तौड़ के एक लिपे-पुते दालान में
मुझे मिल गईं मीराबाई
गोविन्द को तोलतीं
एक विराट्-से तराज़ू पर
जो है आदमी का मन,
डोलता ही रहता है वो सदा
और कभी एकाध पल सन्तुलित होकर
फिर से झुक जाता है एक तरफ़
बेचारगी में।
मीराबाई को मगन देखकर
मेरे मन में ये अचानक जगा कि मैं सेल्फ़ी लूँ!
इधर मेरे बच्चों ने मुझे एक मोबाइल दी थी
और सिखाया था मनोयोग से कि कैसे लेते हैं सेल्फ़ी!
लेकिन यह गुर मैंने कभी आज़माया नहीं था
क्योंकि मेरे पल्ले बात ही नहीं पड़ती थी
कि सेल्फ़ का दायरा इतना टुन्ना-मुन्ना भी हो सकता है
जो एक क्लिक में समा जाए!
ख़ुद फ़रीद बाबा, कबीर और मीरा ने
मुझको सिखाया था यही सदा
कि आदमी के विराट् सेल्फ़ में
पूरा ब्रह्मांड ही समाया है—
एक साथ इसमें समाए हैं

बूँद और समुन्दर, पहाड़ और चींटी,
ये दुनिया, वो दुनिया,
जंगल की वीथियाँ!
सूरज-चन्दा, ये उनचास पवन,
बादल-बिजली, माटी-आकाश
पानी-गगन!
एक क्लिक में सब समाएगा कैसे!
सुनी-सुनाई बात भी इसको मानें अगर,
इतना तो आँखिन देखी है न
कि ये मेरा वजूद
खासा छितराइन,
छरियाह और
घनचक्कर है,
इतनी जल्दी वह पकड़ में नहीं आएगा!
मैं जन्मों से एक धुनिया हूँ!
धुनती ही रहती हूँ नाक!
मेरे वजूद की कुठरिया में
दुविधाएँ फैली हैं
धुनी हुई रूई की तरह!
नीरस, बेरंग, विपुल विस्तार
धुनी हुई रूई का—ये ही है मेरा वजूद!
एक तो समाएगा नहीं एक क्लिक में
फिर इसमें ऐसा क्या है आँकने लायक!
ये ही सब समझाती ख़ुद को रही,
और कभी खींची नहीं सेल्फ़ी!
लेकिन उस दिन जब दिखीं मीराबाई
तो मुझको सूझा, मैं ले ही लूँ
मीराबाई के संग अपनी भी सेल्फ़ी!
मैं उनसे सटकर खड़ी हो गई,
कन्धे पर मैंने झुकाया जरा माथा
पर जब दुलार से छुआ मुझको मीरा ने,
मैं तो बस भूल ही गई
कि क्या करने मैं यहाँ आई थी!
सदियों की मेरी थकान

मुआवज़ा माँगने आ गई
और मैं सो ही गई उनके कन्धे पर
सेल्फ़ी-वेल्फी भूलकर!

खलनायकों की रूठी स्वकीयाएँ

हमने पानी में रहकर भी
बैर कर लिया है मगर से,
पर जब बहाता है वो आँसू—
'घड़ियाली आँसू हैं ये'—
ये जानते हुए भी
अपनी उमड़ आती है छाती
उसके लिए!
साँपों को दूध पिलाती हैं हम,
कुत्तों को दे देती हैं
अपने हिस्से की रोटी!
इस लाइलाज-सी शराफ़त के बावजूद
धीरज का बाँध अगर टूटा है
तो सोचो, क्या गत कर दी होगी
उसने हमारी!
क्या गत कर दी होगी कि घर से
उसके विदा होते ही
हम भरती हैं एक
लम्बी उसाँस चैन की
और अँगड़ाई में उठा लेती हैं बाँहें
पूरा आकाश ही समेटती हुई!

सेकेंड हैंड

सेकेंड हैंड चीज़ें
एक मशाल यात्रा हैं साझेपन की।
साझा स्पेस कहीं धरती पर
बचा हुआ है अब भी--
इसका आश्वासन हैं
सेकेंड हैंड सारी किताबें और फ़र्नीचर!
सेकेंड हैंड कितनी किताबों के हाशियों पर
हरी-लाल मज़ेदार टीपें वे
किसको निवेदित हैं, कौन कहे।
सेकेंड हैंड फ़र्नीचर
अमर कॉलोनी के फ़ुटपाथों पर
करते हैं इन्तज़ार
दूज के चन्द्रमा की
शर्मीली-सी रोशनी में नहाए हुए!
और एक दिन जब अचानक,
मुस्काता आता है कोई नया जोड़ा,
घंटों वह करता है मोल-तोल!
कान खड़े करके सब सुनते हैं फ़र्नीचर
और फिर लदकर चले जाते हैं वे नए घर।
विस्थापित जोड़ों की
पहली गृहस्थी बसाते हैं
सब-लेट स्पेसों में
पूरी विनय से!

गहरी स्थितप्रज्ञता से
किसी वृद्ध की मृत्युशय्या भी
बन ही सकती है सुहागसेज
किसी दम्पति की!
उद्धत नहीं होतीं सेकेंड हैंड चीज़ें!
बीत चुकी होती है उन पर कुछ पहले भी,
पर उसकी दास्तान लेकर वे
कभी भी नहीं बैठतीं!
उनकी सुन्दरता का है रहस्य ये ही!
ये ही है उनकी
मिष्टी-मिष्टी-सी मिस्टीक!
इस पर ही न्योछावर
कहता है उनसे समय--
''आमी तोमाके भालो बाशी!''

मेरे मुहल्ले की राबिया फ़क़ीर

इतने बरस मैंने कोशिश की—
वह मुझसे दोस्ती करे,
पर उसने कोई तवज्जो नहीं दी!
अक्सर ही हँसकर
निकल जाती वो सामने से!
लेकिन जाने क्या हुआ उस दिन—
कन्धे पकड़कर बिठाया और कहने लगी—
'इश्क़ मुझे थमा गया अच्छा इयरफ़ोन!
धरती की छाती पर कान लगाकर सुनीं
और हवा के, पानी के, आग के अस्फुट बोलों पर
ध्यान लगाकर सुनीं
सृष्टि की ऐसी अन्तर्ध्वनियाँ
जो पहले सुनी नहीं थीं—
किसी और देश-काल से छनकर आई
वृद्धा वेश्याओं की फीकी हँसी,
दुनिया के सबसे बड़े पागलख़ाने के
किसी पुरातन पागल के एकतारे की जैजैवंती,
किए-अनकिए सारे अपराधों की लय पर
झन-झन-झन जंजीरें बजा रहे क़ैदी की
अचानक जगी कुकुरखाँसी,
सारे नियमों की उलटबाँसी
कुदरत के पोर-पोर से झनझनाती
सुनाई पड़ीं!

इश्क़ मुझे थमा गया अच्छा इयरफ़ोन!
सुनी ग़ौर से मैंने ग़ुम आहटें
मृतप्राय भाषाओं की
जिनका कि एक भी अक्षर
पड़ता नहीं पल्ले,
फिर भी जिनमें होती है क़ुव्वत
पानी के भीतर बसे अपने
मायावी नागलोक तक खींच लेने की!
तिनकों का कोई सहारा लिये बिना डूबे सन्दर्भ—
बन जाते हैं नागमणियाँ यहीं।
रात के कलेजे में
थर-थर-थर काँपती दुआएँ सुनीं,
रक्षा-स्तोत्र सुने—
माँओं के सूखते हलक से उठे थे जो एक साथ
और गिरे थे आसमानों से टकराकर
टप-टप-टप
ओस की तरह
दूब की नोंक पर!
ग़ौर से सुनीं मैंने कनबतियाँ
बिके हुए खेतों की
बाड़े की भटकोइयों से!
पूरी यह कायनात
झम-झम-झमाझम
बरस रही थी इस आइने के भीतर!
झूम रहे थे वे उनचास पवन,
ठनक रही थीं कुंडियाँ मेरी,
चरमरा रहे थे दरवाज़े,
जन्मों से जकड़े हुए!
दौड़ी, इधर दौड़ी और उधर दौड़ी—
धड़-धड़ धड़ाम खुल गई खिड़कियाँ।
उन्हें बन्द करने के चक्कर में
पोर-पोर भींग गया!
खुला और बिखर गया जूड़ा!
सृष्टि में साँझ घिर गई!

धक से तब खुला यह रहस्य,
बादलों की फाँक से कौंधा—
एक के बहाने सारी दुनिया
अपनी-अपनी-सी लगे—
तब ही समझो कि
जाना किसी को!
इश्क़ एक उत्तप्त-सी छलाँग है—
पहले अपने बाहर, फिर अपने भीतर—
देर तलक हिलता के जिससे
तालाब का पानी,
किसी को जानना
तालाब, दरिया, समुन्दर और बारिश हो जाना है!
जानना जाना है!
एक बार बरसते हैं बादल,
पेड़ तीन बार बरसते हैं!
हर बारिश के बाद
पेड़ों की डालियाँ हिलाते हुए सोचते थे हम!
किसी को जानना
सब भूली-बिसरी बातों का
धीरे-धीरे याद आ जाना है!
जानना हो जाना है
बूँद-बूँद लोकती हुई पत्ती!''
उसकी बातें सुनकर
मैंने उसे ग़ौर से देखा,
फिर ख़ुद पर नज़र गई—
ये लो,
मैं भी तो मैं नहीं रही थी,
बची रह गई थी मैं
एक हरी पत्ती-भर—
बारिश की
बूँद-बूँद लोकती,
सिहरती!

प्रेम के लिए फाँसी

मीरा रानी, तुम तो फिर भी ख़ुशकिस्मत थी,
खाप पंचायत के फ़ैसले
तुम्हारे सगों ने तो नहीं किए!
''राणाजी ने भेजा विष का प्याला''—
कह पाना फिर भी आसान था,
'भैया ने भेजा'—ये कहते हुए जीभ कटती।
बचपन की स्मृतियाँ कशमकश मचातीं,
और खड़े रहते ठगे हुए राह रोककर
सामा-चकवा और बजरी-गोधन के सब गीत
'राजा भइया चललें अहेरिया,
रानी बहिनी देली असीस हो न'!
हँसकर तुम यही सोचती—
'भैया को इस बार मेरा ही
आखेट करने की सूझी!
स्मृतियों का कोष
चुक ही गया उस बेचारे का!
कौन डाकू ले गया उसकी बचपन की यादें?
बाबा ने भी हद ही की!
जो डाकू लूट नहीं सकते,
वह सब सम्पदा : त्याग, धीरज, सहिष्णुता।
मेरे ही हिस्से कर दीं,
क्यों उसके नाम नहीं लिखीं?'

उसने कहा था

[स्कूल की हिन्दी शिक्षक, उमा दी को सादर समर्पित]

बूढ़ी कुँवारी उमा दी,
आठवीं कक्षा में उन्होंने हमको हिन्दी पढ़ाई थी,
'उसने कहा था' कहानी पढ़ाते हुए
वे थोड़ी गुमसुम-सी थीं!
वैसे तो आपातकाल शाश्वत भाव है देश का,
पर वह इमर्जेन्सी थी सन पहचहत्तर की!
पढ़ाते-पढ़ाते वे भटकीं ज़रा-सा
और धीरे-से कहा--
"कुछ तो हो, कोई पत्ता तो कहीं डोले,
कोई तो बात होनी चाहिए ज़िन्दगी में अब,
बोलने में समझने-जैसी कोई बात,
चलने में पहुँचने-जैसी,
करने में कुछ होने-जैसी तरंग!
सुनती हूँ, यह प्रेम में ही सम्भव है,
प्रेम में ही सम्भव है करना हर सरहद पार!
प्रेम से बड़ी हैं प्रेम की कहानियाँ!
प्रेम के या ख़ुदा के बारे में
ख़ूबसूरत बात ये ही है--
आदमी ने गढ़ा उनको या उन्होंने आदमी को,
ताल ठोंककर आप कह ही नहीं सकते!
जिसने भी जिसको गढ़ा हो, इससे क्या!
कल्पना ही सुन्दर है कि कुछ तो गढ़ा जाए,

कुछ तो हो...अच्छा, चलो, छोड़ो,
आज हम पढ़ेंगे एक प्रेमकथा!...
''सृष्टि में चारों तरफ़ बिखरी हैं
प्रेम की कहानियाँ,
देखने की क़ुव्वत पैदा हो जाए अगर तो दीख सकता है
हर आदमी प्यारा,
हर चेहरा न्यारा
किसी-न-किसी कोण से!''
इतने बरस बीते,
क्या जाने क्या बात थी उनमें,
उनका पढ़ाया हम कभी नहीं भूले,
प्रतिश्रुतियाँ ही पढ़ीं हमने कण-कण में,
लहना सिंह होकर ही
जिए-मरे!

वानप्रस्थ

आगे जंगल, पीछे घर!
सामने लम्बी सड़क
जो धीरे-धीरे निकल आती है
शहर के बाहर,
ख़ुद में ही चक्कर लगाती-लगाती
चकरा गई
इन बाँकी गलियों के बाहर!
सीवान पर एक अन्धा कुआँ है
कुछ चिमनियाँ भी हैं,
अस्फुट धुआँ है!
पीछे उड़ी आ रही हैं जो मेरे,
वे क्या सूखी पत्तियाँ हैं?
नहीं, शब्द हैं ये तो,
शब्द जो मुझे छू गए थे कभी,
अब इनमें रस नहीं बचा!
लेकिन मर्मर अब भी इनमें
बचा हुआ है अन्तर्ध्वनियों का!
पतझड़ से बेहतर संगीतकार
मैंने नहीं देखा—
एक जलतरंग-सा बजाता है
निस्तरंग ख़ामोशियों पर।
पतझड़ ही धरती का वानप्रस्थ होगा!

विश्वास

'मखाने की ठूरी'
बुलाती थी आजी उसे।
'कवच सख़्त है, मन मुलायम है'—
बाबा आगे जोड़ते।
'विश्वास' शब्द ही चहेता था बाबा का,
दिन-भर उसी की माला जपते—
किसी पर कभी शक किया ही नहीं,
विश्वास ही उनके
जीने की बुनियाद था।
श्लोक की तरह हमें रटाते
यह आप्तवाक्य—
'उससे छल करने में कौन-सी विचक्षणता—
जिसने विश्वास कर लिया,
उसे मार देने में कौन-सी बहादुरी
जो गोदी में आकर सो ही गया!'
विश्वास था उनके जीने का आसरा,
लेकिन अब इसका मैं क्या करती—
जिसको मेरे पल्ले बाँध गए बाबा—
काफी छनकू और झनकू-सा निकला वो
मेरा विश्वास!
कठिन गृहस्थी मैंने की इसके साथ!
दुनिया में कुछ भी बुरा घटता,
यह मुझको झकझोरता!

अख़बार दे मारता मेरे मुँह पर,
दन्न खोल देता दरवाज़ा—
निकल भागता भूखा-प्यासा!
दिन-भर भटकता ही रहता वह इधर-उधर,
हाँ, पर ग़नीमत थी कि शाम तक लौट आता,
और कहता चीख़कर—
"लो, आ गया बुद्धू घर लौटकर!
अब तो ख़ुश हो न?"
काँपती थी सोचकर तब मैं—
क्या एक दिन वो भी आएगा,
जाएगा छरियाकर बुद्धू विश्वास

और लौटकर घर नहीं आएगा?"

× × ×

अब जब वह चला ही गया है
तो 'पद्मावत' वाली नागमती-सी
रोती-कलपती मैं नहीं बैठती।
इस भादो भी देखो—
छवा रही हूँ अपना छप्पर मैं
एकदम अकेली!

रूसी औरतें

हमारी तरफ़ 'रूठ जाने' को कहते हैं
'रूस जाना!'
'कोपभवन से सीधा
रूस चला जाता है रास्ता?'
मैं सोचती अक्सर बचपन में।
वाचनालय में भर-भर गाड़ी
आतीं रूसी पत्रिकाएँ,
अद्‌भुत कलेवर में आते अनुवाद!
पीपुल्स पब्लिशिंग हाउस से ही तो
घर आए थे चेख़व और टॉल्सतॉय
अपनी छोटी-सी वह दुनिया
धरती-जैसी प्रशस्त कर देने,
भर देने
मन में वे ख़्वाब सुनहरे
खुबानियों के जंगल के
और विश्व-मंडल के!
दुनिया से रूठी
अन्यायों से टूटी
सब औरतें दुनिया की
इन गुप्त किताबी सुरंगों से
कहाँ से कहाँ निकल गईं
इसका इतिहास है गवाह!
कहीं तो पहुँचती ही है हरदम

बेकस की आह!
कैकेई का होगा,
सचमुच की औरतों का तो नहीं होता
कोप भवन
जहाँ काम-धाम छोड़कर
केश-वेश फैलाकर लेट सकें—
इस मादक इन्तज़ार में
कि आएँगे उनके प्रियवर मनाने!
कपड़े पछीटती हुई, बरतन धोती हुई—
वे रूस जाती हैं जादू से,
जादू से बिना मनाए मान जाती हैं...
लेकिन कुछ घट जाता है
रूठने और मानने के अनन्तर
जिससे कि बँधे हुए पाँवों में
उग आते हैं डैने
दूर देश उड़ते हुए!

सांत्वना पुरस्कार

स्कूली प्रतियोगिताओं में मुझे
अक्सर ही मिल जाता सांत्वना पुरस्कार।
पुरस्कार में मिलती एक क़लम
जो कि फ़ाउंटेन पेन कहलाती थी,
शायद इस ख़ातिर
कि झरने-सी झर-झर
स्याही बहा करती थी उससे
मुँह पर पुत जाने के पहले!
कभी-कभी मिलते नारंगी लेमनचूस,
जो चौथी का चन्द्रमा दीखते थे!
कुछ चाँद जीभ के तले,
कुछ चिपचिपी मुट्ठियों में भिंचे
अक्सर ही सोचते—
''क्यों इतनी पुरमज़ाक़ है अपनी मादरी जबान!
हरदम हँसी सूझती है उसे!
बेमेल शब्दों की चूलें मिला देती है
सांत्वना पुरस्कार! सविनय अवज्ञा!
यह कैसा घालमेल!
सांत्वना को भला क्या लेना पुरस्कार से
या अवज्ञा को विनय से!
जब माननी ही नहीं बात
तो विनय कैसी भला!
और सांत्वना ही जब गले पड़े

तो फिर पुरस्कार क्या!
लेकिन, नहीं साहब,
ज़िद है ये भाषा की!
रूपकों में या मुहावरों में भी
ये तो मिलाकर रहेगी विरुद्धों को,
ये तर्क देती हुई कि
चूलें मिलाए बिना तो
एक परिवार नहीं चलता,
फिर पूरी क़ौम चले कैसे!''
अब जब मैं ख़ुद ही कभी
देती हूँ सांत्वना पुरस्कार विद्यार्थियों को
तो यह समझती हुई कि
मर्म तो जीवन का है सांत्वना ही।
जो खिलने की प्रक्रिया में हैं,
वे खिल चुकों से भी सुन्दर हैं--
उनकी छाती चौड़ी नहीं है अभी,
झर-झर झरने लगती हैं सारी पंखुड़ियाँ
फूलों की छाती चौड़ी होते ही!

ईश्वर के पी.ए.

"अपने दुख मुझको ई-मेल करो,
एक बड़ा सम्मिलित आवेदन लेकर हम
जाएँगे ईश्वर के दफ़्तर!"—उन्होंने कहा!
उन्हें घेर बैठ गए हम
आख़िर वे ईश्वर के पी.ए. थे!
कितनी बातें पूछनी थी हमें
उसके बारे में!
कितने बजे लंच करता है ईश्वर?
कौन कह रहा था—ये सच है क्या—
इन दिनों वह डायटिंग पर है—
खाता है केवल सलाद?
कहाँ-कहाँ हॉलिडे मनाता है?
मेमसाहब कैसी हैं ईश्वर की?
उसके बच्चे क्या विदेशों में पढ़ते हैं?
हिन्दी तो आती नहीं होगी!
कृषि भवन में बैठता है कि शास्त्री भवन में,
फ़ाइलों पर वह क्या कविताई करता है?
किस ब्रांड की होती हैं उसकी शर्टें?
अनुसूचित देवताओं से कैसे आता है पेश?
मार्क्स देवता, सार्त्र देवता, देरिदा देव;
कैसे हैं इसके समीकरण
छोटे-बड़ों से?
ईश्वर हमारा स्टार जो ठहरा,

ईश्वर के बारे में बतियाते
हम अपने दुःख भूल जाते!
इस तरह
जहाँ-का-तहाँ रहता ईश्वर,
जहाँ-के-तहाँ रहते दुख सारे,
बदलते तो बस अपनी सीट हम बदल लेते
आगे-पीछे-उस चटाई पर
और जारी रहता वो तमाशा
प्राइम टाइम पर
—मुख्य समाचार बुलेटिन के पहले।

चुनाव

''अपनी चपलतम मुद्राओं में भी नर्तक
सम तो नहीं भूलता,
पहिया नहीं भूलता अपना धुरा,
तू काहे भूल गई, अनामिका?''
''तू कौन है, याद रख— ''
शास्त्रों ने कहा!
तू-तू मैं-मैं करती दुनिया ने
उँगली उठाई—
''आख़िर तू है कौन—
किस खेत की मूली?''
मैं तो घबरा ही गई,
घबराकर सोचा—
''इस विषम जीवन में
मेरा सम कौन भला?
नाम-तक की कोई चौहद्दी
तो मुझको मिली नहीं—
यों ही पुकारा किए लोग—'अनामिका!'
एक अकेला शब्द 'अनामिका'—
आगे नाथ, न पीछे पगहा।
पापा ने तो नाम रखते हुए
की होगी यह कल्पना
कि नाम-रूप के झमेले
बाँधें नहीं मुझको

और मैं अगाध ही रहूँ,
आद्या जैसी
घूमूँ-फिरूँ जग में
बनकर जगतधातृ जगत्माता।
चाहती हूँ कि
साकार करूँ—
बेचारे पापा की कल्पना और
भूल जाऊँ घेरेबन्दियाँ, लेकिन हर पग पर हैं बाड़े!
अचकचा जाती हूँ
जब पानी पूछते हुए
लोग पूछ देते हैं आज तलक—
"आप लोग होते हैं कौन!"
रह जाती हूँ मौन
अपनी जड़ें टटोलती!
पर मज़े की बात यह है कि
एक ख़ुफ़िया कार्रवाई
एकदम से शुरू हो जाती है तबसे ही
मेरे उद्‌गम-स्त्रोतों की
और ताड़ से गिरकर
सीधा खजूर पर अटकती हूँ
जब मेरी जाति के लोग
झाड़ देते हैं रहस्यवाद मेरा
और मिलाकर हाथ कहते हैं ऐन चुनाव की घड़ी,
"हम एक ही तो हैं, मैडम,
एक कुल-गोत्र है हमारा!
अब की चुनाव में खड़ा हूँ
आपके भरोसे!"
"मत याद रख, भूल जा"—
गाता है जोगी
सारंगी पर गाता!
मुस्काके बढ़ जाती हूँ आगे!

निगमबोध पर मामी

बहुत ध्यान से पढ़ती थीं मेरी मामी
हिन्दी के सारे अख़बार।
एक बार बिफरकर उन्होंने कहा—
"यह राष्ट्र है या महाबलीपुरम?"
प्रायोजित दंगों के एक दृश्य में टीवी पर
लाखों लाशें बिछी हुई थीं।
इधर-उधर छितराए थे झोले—
औचक ही झाँक रही थी झोलों से
फल-सब्जियाँ-दवा की शीशियाँ!
कहीं एक गुड़िया छितराई थी!
चमक रहा था चाँद विस्मय से
मृतकों की
अनगिन तावीज़ों पर—
'इतनी तावीज़ें?' कहा मामी ने,
'इतनी तावीज़ें--देखा न, बबुनी?
डर-अपडर व्याप गए हैं कितने!
ख़ौफ़ज़दा है पूरी बस्ती!'
हर बात पर कुछ कहने वाली
मेरी ये मामी
अन्तिम समय में इतनी चुप काहे थीं!
जाने के तीन महीने पहले हमसे कहा—
"मुझको नैहर ले चलो
एक बार!"

प्लेटफ़ॉर्म पर
बड़े अक्षरों में
दमक रहा था
"ट्रैवेल लाइट!"
आँखें उनकी चौंधियाईं तो
मुझसे कहा धीरे-से--
"इन दिनों क्या
ज़्यादा नहीं बढ़ गई है
बाज़ार में रोशनी?'
'ट्रैवेल लाइट' माने क्या?"
मैंने कहा—"मामी, जानती हैं आप तो!
'ट्रैवेल लाइट' माने
ज़्यादा बोझा नहीं बढ़ाओ,
हल्के चलो!"
बहुत दिनों बाद हँसीं मामी,
"हबकि न बोलिबे, थपकि न चलिबे,
धीरे रखिबे पाँव!' कहते थे बाबा गोरखनाथ! मतलब कि
हॉलडॉल भारी न रखो
बेकार की रंजिशों से!
जो करना है, सो करो!
मन जो नहीं ही लगे—
तोते-वोते पाल लो
पर शिकायतें नहीं!
बेकार ही माथा भारी हो जाता है,...है न?"
फिर माथा झटका
तो चली ही गईं!
लेट गईं सदा के लिए,
उड़ गए हाथों के तोते!
बचपन में ओक्का-बोक्का हमसे खेलते हुए
ऐसे ही तोते उड़ाती थीं मामी
एक-एक उँगली उठाकर
तलहथी पर गुदगुदी करती—
'हे तोता उड़, मैना उड़,
उड़ जा रे धोबिन चिरैया!'

पंच प्राण उड़े जा रहे हैं
निगम घाट पर—
हवा में हवा,
माटी में माटी,
अगन में अगन,
पानी में पानी,
गगन से गगन
देखो तो कैसे हहाकर मिले हैं गले
मिलती हैं जैसे कि
दो बिछुड़ी बहनें
नैहर के सीवान पे!

× × ×

घर के पचास काम निबटाकर
सबके टिफिन भेजकर
चश्मा आड़ा-तिरछा करती हुई
मातृभाषा में अख़बार बाँचती हैं जो—
उन मामियों, मौसियों, चाचियों और बुआओं की
राष्ट्रीय चेतना
गांधी और टैगोर की
पालिता है,
तंग दायरों में वह नहीं सोचती
और उड़ी जाती है
पंच प्राणों—सी
जात और मज़हब के
बाड़ों के पार!

गड्ढे में औरत की लाश

अब तो यह समाचार बासी हुआ,
ताजा था, तब भी गँधाता था
सड़ी हुई लाश की तरह—
'गोरी सोई बीच सड़क पर
मुख पर डारे केस!'
मुख पर उसके
आड़ा-तिरछा
झुटपुटे के रंग का वो दुपट्टा भी था।
अभी मक्खियाँ दूर थीं,
भिनक रहे थे कुछ प्रवाद
उसकी निष्प्राण देह पर।
छः-सात कविगण जो अभी-अभी
मयख़ाने से उठे थे
लाश देख ठहरे,
फिर खिसक गए
लन्तरानियाँ छोड़ते—
"वह एक अजब-ग़ज़ब लड़की थी",
एक ने कहा, "कभी-कभी घंटों खड़ी रहती
अचकचाहट के बलारेज पर
और कभी चाँदनी की ढीली नाइटी पहनकर
अकेली निकल जाती बीच सड़क
जैसे किसी स्वप्न में चल रही हो—
अगल-बगल से बेसुध,

किसी और ही लोक से आती
बंसी की धुन अकानती।''
दूसरा भी फुसफुसाया—
''चलती सड़क पर वो ऐसे
जैसे कि पानी पर ही चल रही हो,
और पानी पर भी उसकी परछाईं
छूटती नहीं थी।''
तीसरे ने आँखें गोल कर कहा
''मैंने तो पाँव ग़ौर से देखे थे--
उल्टे थे उसके दोनों पंजे।
वह उल्टे पाँव चला करती
अर्द्धविस्मृत एक झीने-से सुख की तरह।''
''आधी-आधी रात को
उसकी साँकल खटकाती थीं
कुछ अजानी ख़ुशबुएँ
और एक बेचैन धुन में बज उठता था
उसकी साँसों में इकतारा।''
चौथा इस विश्वास से बोला जैसे कि
सब उसकी आँखिन देखी ही हो,
''छत तो उसका
तीसरा फेफड़ा थी।
पीपल की शाख़ से उतरते
कुछ अजाने साए,
खैनी-चूना माँगते उससे।
टूटे सितारों से गोद-भरे
अक्सर ही छत पर बैठी मिलती थी वह उन्हें।''
''चीज़ों को वह ग़ौर से देखती ऐसे
कि चीज़ें भी देखने लगतीं उसको पलट के—
कलसी, कलछी, गमछा—कोई भी शै
उसके देखे से बन जातीं बस जोड़ा-भर आँखें
आँसुओं से,
नींद से,
प्रेम से
डबडबाई हुईं।''

ये पाँचवें शायर की टिप्पणी थी।

× × ×

"दम घुटने से ही मरी है वह"—
जब यह कहा डॉक्टरों ने,
तब जाना मैंने—
भोपाल गैस त्रासदी में रिसी थी जो—
उस गैस से भी विकट और दमघोंटू
होता है लन्तरानियों का धुआँ
जो कि चांडाल चौकड़ी के अलावों से
उठता हुआ
भिक्षुणियों की छाती पर
बैठ जाता है जब-तब।
उनके हृदय की खुली खिड़कियाँ
कोई प्रतिवाद भी नहीं करतीं।
धीरे-से उठती हैं,
देश-काल,
धर्म और देह भी तहाकर
रख देती हैं अपने सिरहाने
और निकल जाती हैं
लम्बे सफ़र पर—
निरपेक्ष,
निर्वाण के भी परे।

टैगोर को मेरा प्रेमपत्र

मैं रधिया हूँ रोबी बाबू,
वो ही जो डेढ़ सौ बरस पहले
लू में किसी सूखे पत्ते-सी उड़ती हुई
मिलने चली आई थी
तो तुम उठ बैठे थे!
दालान पर खस की पट्टी गिराए,
चरमराती चौकी पर थोड़े बेचैन लेटे थे तुम
जब खाँसता आया विश्वस्त सेवक तुम्हारा
जो भगाने से भी नहीं भागता था,
हर बार ही लौट आता था हाथ में हुक्का लिये।
आया, फिर बोला धीरे-धीरे,
"ओरे बाबा,
ज़िद ठाने है पगली आन गाँव की
कि आ गई है तो मिलकर ही जाएगी।"

सहसा तुम उठ बैठे और कहा—"आने दो!"
आँखों में आँख डालकर
एक ही प्रश्न तो उछाला था मैंने—
"कब आओगे मुझसे मिलने
मौलसिरी के नीचे?"
पाँच घड़ी बाद ही चला आया था केष्टो।
नए फूल गुलदस्ते में सजाते हुए
जब उसने सब पुराने फूल फेंक दिए बाँस की उसी टोकरी में

जिसमें तुम डाला करते थे
फटे-कटे पन्ने कविताओं के,
मैं उनको सीने से लगाए हुए
निकल गई बाहर—
"इतना तिरस्कार
नए के लिए हर पुराने का!"

इस पर तुम पीछे-पीछे आ गए मेरे
और कहा—"तुम तो हृदय हो इस धरती का
हर शै में धड़कता हुआ,
तुम्हारे बिना भला कहाँ पार पाएगी
मेरी यह कविता!"

तुम पानी-पानी हुए,
यह बात मन में लिये
मैं माटी के नीचे चली गई!

माटी-माटी हो गई मेरी यह कंचन काया,
फिर वही माटी खिली बनकर धानफूल
उन्हीं धान के खेतों में जिनसे
होकर गुज़रते थे तुम नंगे पाँव!
अस्ताचल की ठंडी किरणों-सा चोंगा तुम्हारा
हवा में सिहरता
और तुम्हें मैं बुलाती
दूर कहीं हाँड़ी में डबक रहे
बासमती चावल की गंध का दुपट्टा हिलाती।

मेरी यह काली माटी ही थी
जिससे कालांतर में तुमने
ऐसी सुभग मूर्तियाँ गढ़ दीं—
अकुंठिता उर्वशी
जिसकी कटि मेखला टूटती जब अनन्त में कहीं
नाच उठती रक्तधारा हर पुरुष-हृदय की,
'अखिल के मनस्स्वर्ग की क्रीड़ा'—

यही कहा था तुमने उसके लिए!
हालाँकि तुम मेरे बारे में कुछ भी नहीं बोले,
पर मैं समझती हूँ ख़ूब,
बोले भी तो कैसे बोले कुम्हार
अपनी ही गीली मिट्टी के विषय में
क्योंकि वह मिलता ही है उससे
होने-न-होने के बीच के उस मुहूर्त में
जब शब्द जाते हैं डूब
महामौन के झिलमिल आवर्त्त में
स्वर्ण-तरी जैसे!
काली हिरनी-जैसी आँखोंवाली
कृष्णकली वह तुम्हारी
जिसने आँचल से कभी सिर ढँका ही नहीं,
लजाने का जिसको समय मिला नहीं!
घटाटोप अन्धकार से डरकर रँभाती हुई
उन कपिला गायों की सींगें सहलाती,
भृकुटि से आकाश देखती
उस काली लड़की की छवि गढ़ते
तुमने मेरी माटी में
तमाल वन की छाया भी मिलाई थी!
और फिर संध्या की कबरी से खिसक गिरी
थर-थर-थर काँपती हुई वह कृशकाय किरण,
एक निष्फल कामना, देवयानी—
उसकी वह कामना-कातर-सी काया गढ़ते हुए
तुम थककर सो ही गए थे
माथा टिका मेरे गीले स्तूपों पर!

और वो बालिका-वधू
चाँद के कान में सुबकती,
उसको तो गढ़ते हुए तुमने
मेरी माटी में मिलाए थे
मर्मर स्वर वाले दो पल्लव दल!

अभिसार की कामना लेकर

उपगुप्त संन्यासी के सम्मुख नतमस्तक
कल्पलता की मूर्ति
मेरी इस माटी से गढ़ते हुए तुमने
गूँथा था मुझको समय जल से!
तब ही तो दु:साध्य रोगों के दानों से भरी हुई
वह देह शीतल चन्दन हो गई
संन्यासी के छूते ही—
"आज रात समय हो गया, वासवदत्ते!"
तो जैसे उपगुप्त आए थे
अन्त समय में उसका साथ निभाने,
मैं–माटी–मैं भी तो आई न
रोबी बाबू, तुमसे एकसार होने!
जैसे कि पाताल तक जानेवाली
उस पुरातन पेड़ की वे जड़ें—
एक–दूसरे का कन्धा छूने को आकुल
उँगलियाँ बढ़ाती हैं—
माटी से माटी मिली!

तुम्हारी गढ़ी मूर्तियाँ भी कभी
माटी–माटी जो हुईं—
तो भी कुछ है जो ठहर जाएगा—
जैसे आकाश ठहर जाता है,
दो शब्दों की फाँक में जैसे
अर्थ का अनन्त पसर जाता है!

अष्टावक्र

लगातार ही मुस्कुराने को अभिशप्त
उस भली औरत का
सूखने लगा था गला!
बार-बार मुझको वो समझा रही थी यही
कि मैं भी हो सकता हूँ ख़ूबसूरत!
मैं, अष्टावक्र! आठ जगह से आँकी-बाँकी
मेरी यह ठठरी तराशी जा सकती है—
वो मुझको समझा रही थी इस शिद्‌दत से
कि उसको मिल जाए अपनी कमीशन के सौ रुपए!
"बाज़ार कल्पतरु है,
कर सकता है कायाकल्प"—
चिन्तातुर आँखों से उसने समझाया मुझे!
पते भी बताए तरह-तरह के प्लास्टिक सर्जकों के!
कहा, "यहाँ कुछ भी हो सकता है,
चाहने की देर है!"
मैंने कहा, "चाहने की? हाँ, देर चाहने की ही तो है!"
मेरे मूलाधार से सहस्त्रार तक
फिर वैसी फुरेरी उठी
जैसी कि राजा जनक के दरबार में उठी थी,
दरबार सारा जब
आठ जगह से टेढ़ी मेरी इस ठठरी पर
लगा रहा था ठहाके!
वे मुझ पर हँसे जा रहे थे

तो मेरा रोम-रोम भी पुलकित होकर हँसा :
धन्य भाग मेरे कि मैं भी
किसी की हँसी का बहाना बना,
वरना तो लोग नज़र आते हैं म्लानमुख सदा
जाने किस चिन्ता में सुलगते हुए!
हाँ, इसका मुझको एहसास था ज़रूर
कि ये औरत थी!
हँस नहीं रही थी, वह तरस खा रही थी!
मैंने धीरे-से कहा—
"देह देहरी ही तो है दुनिया के रंगमहल की,
देहरी से बँधा हुआ
गोलू-मोलू झबरा कुत्ता हो जाने का
अपना सुख होगा, निश्चित होगा,
पर इसके पार भी बहुत कुछ है,
यह जानना भी ज़रूरी है!
मसलन, तुम्हारी यह ममता ही
देह के परे जाती है कि नहीं?
दुनिया के ज़्यादातर सुन्दर एहसास
दीपक हैं
देह की देहरी के पार से
घर के
कोनों में कहीं झिलमिलाते हुए!"
वह मेरे इस लेक्चर पर
देखने लगी अचकचाकर
क्योंकि उसे देह के आगे कुछ भी
न समझा गया था, न समझाया!
तब मैंने उसको बचपन की घटना बताई!
बचपन की छौंक के बिना तो रसीली नहीं बनती—
तरकारी हो या आपसदारी!
मैंने कहा, "मेरी माँ भी
रहती थी बहुत दुखी मुझे देखकर!
जितने दिन भी छुपा सकती थी—
उसने आँचल में छुपाया मुझे!
पर एक दिन मैं निकल आया बाहर।

इतनी पतली होती थी मेरी चमड़ी तब—
तेज़ हवा के झोंके मुझको छलनी कर गए।
छिन्न-भिन्न मुझे देखकर
माँ बोली छटपटाकर—
''साधारण आइनों की तो यह वकत ही नहीं होती
कि किसी को उसके ग्यारह आयामों में धारण करें,
आसमान ही आइना है तुम्हारा,
आइना है कायनात—
ये पहाड़, फूल और पत्थर,
ये झाड़ियाँ, ये सितारे—
सब हैं तुम्हारा विस्तार!
देखो तो कैसे मगन हैं ये अपने होने-भर से!
निश्चिन्त, बिना बात ही पुलकित!
एक कामनाहीन धीरज ही मुकुलित है चारों तरफ़,
और सृष्टि का मूल भाव है ये ही!
ये ही तुम्हारा भी मूल भाव हो!
तुम्हारी अहैतुक पुलक को
किसी कामना की कोई टेक नहीं चाहिए,
लकुटिया नहीं टेको
यों ही प्रसन्न रहो!
नदी इसलिए तो नहीं बहती कि उसके तट पर
बस जाएँ दस सभ्यताएँ,
यह बात वैसे अलग है कि उसके बहने-भर से
बस जाती हैं सभ्यताएँ उसके तट पे!
कोई होता है सचमुच सुन्दर
इसी कामनाहीन वैभव में बहता हुआ।''
इस मेरी घमासान अकबक पर
औरत ने घबराकर अपना मुँह जो पोंछा
तो गिर गया उसके गालों से
पाउडर का वह चकत्ता
या शायद पाउडर नहीं था,
ऊब और उदासी की एक परत थी
जो उसके मुँह से धीरे-धीरे झरने लगी थी!
अब मैंने उसको अँगोछा दिया

और धीरे-से कहा—
"यह जो वजूद है हमारा
ख़ुद सोता है छल-छल बहते हुए पानी का।
आँखें धो लो और देखो तो
आठ जगह से आँकी-बाँकी है जीवन की डाल
पर इसका चिड़िया को कहाँ है मलाल?"
इस बात पर वह रुकी,
थोड़ा सिसकी,
फिर धीरे-धीरे
सूखे
कंठ से
अस्फुट
गाने लगी!
गाने लगी
संग उसके
वह ललमुनिया
जो उसके भीतर
के ही
लुम्बिनी वन में
कहीं झाड़ियों में छुपी थी।
"प्रेम न खेतो ऊपजै,
प्रेम न हाट बिकाई"—
गाती हुई उड़ रही थीं अब दोनों
अपने ही सुन्दर अनन्त में
विचरती हुई,
भान था उन्हें अब यह—
निर्बन्ध, निस्सीम जो है—
सुन्दर है वही!

क़स्बे में शेक्सपियर शिक्षक

पिछली छुट्टी में मैं उनसे मिली
और दंग रह गई देखकर—
उनके उस ढनढनाते घर में उनके ही साथ रहा करते हैं
हैमलेट, ऑथेलो, मैकबेद, ऐंटनी, किंग लियर!
थियोसॉफ़िकल लॉज के पीछे की वह बँसवारी थी
जहाँ उस अर्द्धध्वस्त घर का
दक्खिनी दरवाज़ा खुलता था,
वहीं एक टुटही-सी आरामकुर्सी डाले हुए
गिलहरियों, कौओं और चूहों के संरक्षण में
मस्तप्राण बैठे थे सर,
सुन रहे थे कान पर डाले
झुरझुरी हथेली की कुप्पी—
'टु बाई और नॉट टु बाई,
दैट इज़ द क्वेश्चन!'
कह रहा था हैमलेट
बाज़ार से ख़ाली हाथ लौटकर!
मैं भौंचक्की रह गई सोचकर—
'बीइंग' के गहरे प्रश्नों का
'बाइंग' से भी कोई नाता बनेगा—
यह पहले कोई कहाँ जानता होगा!
बुढ़बचवा किंग लियर
फिर बीच में बोले—
'झाड़ो सब लम्प-लिफाफा,

झेलो अपनी छाती पर वह सब
जो झेलते हैं अभागे सड़क पर!'
टेढ़ी अँगनैया में टहल रहा था मैकबेद
अपने मन में बुदबुदाता हुआ—
'मैंने सुनी एक आवाज़—'सोना मत',
नींद की तो तुमने हत्या ही कर दी।'
मैकबेद की बात सुनकर
याद आ गया सर का समझाया
एक-एक अक्षर—
'नींद का मतलब भरोसा!'
पीछे से सिसकी लेडी मैकबेद—
'ऐसा झुलसा मेरा जीवन
वृद्धावस्था के वे सारे वरदान—
इज़्ज़त, दुलार और मित्रों की टोली—
स्वप्न हैं ये सब अब मेरे लिए!'
डायनों ने मारी फिर सीटी
और कहा—'भला ही बुरा है, बुरा ही भला'
इस पर ही मैंने तड़पकर कहा—
'नहीं-नहीं, ऐसा नहीं होता,
भला जो बुरा होता, बुरा जो भला—
ऐसी क्यों गत बनती इनकी।
सीधा रस्ता चलने वाले
ऐसे कभी नहीं हहरते,
संतृप्त परममित्र होते हैं वे अपने!'
'फिर उनके साथ
कोई तो ठहरता है,
जैसे कि सीज़र के साथ ऐंटनी!'
मेरी यह बात पूरी कर दी मार्क ऐंटनी ने!
तेज़ क़दमों से बढ़ा आया
ऐंटनी हमारी तरफ़
तो गूँज उठे उस भाषण के क़तरे
जो हमने याद किए थे कितने रट्टे लगाके
'वीणा कन्सर्ट हॉल' में मंचन के पहले—
'दोस्तो, रोम के बाशिन्दो, देशवासियो—

सीजर मेरे दोस्त थे,
ख़ुद को मुझ पर वे लुटाते रहे थे सदा,
पर ब्रूटस कहते हैं उन्हें खुदनिगर!
अपनी तिजोरी से हरजाना भरकर
युद्धबन्दियों को छुड़ा लाए थे सीज़र,
क्या खुदनिगरी थी यह?
जब भी हम रोए, रोए सीज़र भी,
और कड़ियल तत्व की
होनी नहीं चाहिए क्या ये ख़ुदनिगरी?
पर ब्रूटस कहते हैं उन्हें खुदनिगर
और महामना हैं ब्रूटस!'
एक दिन रट्टा लगाते-लगाते
देवदत्त हँसने लगा
और मेरे कन्धे पर झुककर उसने कहा—
'जो साध रखी है भाषा में
मार्क ऐंटनी ने,
हमारी तरफ़ उसको कहते हैं
भिगा-भिगाकर जूते
मारा करने की कला!'
कनफुसकी उसकी सुन ली सर ने
और कहा—
'शेक्सपियर ने भी तो ये ही कला साधी,
आप भी साध लें अगर
तो सात ख़ून माफ़ हो जाएँगे आपके!'
ध्यान दीजिए कि क्या कहता है ऑथेलो—
'वेनिस के लोगो—
याद करो मुझको
तो ऐसे याद करना—
कहना कि ये ऐसा बन्दा था
जिसे प्यार करने का कोई शऊर नहीं था,
पर प्यार इसने किया था बहुत टूटकर!'
हम भी तो ऐसे ही
याद किया करते हैं आपको सदा, सर
भूलकर सब सख़्तियाँ आपकी

अँगरेज़ी का घोंटा लगवाने में जमकर
जो आपने हम पर कीं।
जब चर्चा चलती है आपके श्रीमुख से छूटी
झन्नाटेदार झिड़कियों की
तो हम दोहराते हैं
हँसकर यही—
'ये ऐसा बन्दा था
जिसे प्यार करने का कोई शऊर नहीं था,
पर प्यार इसने किया था बहुत टूटकर!'

अन्धे कुआँ का भी होता है अन्तर्जगत

एक दिन कहने लगा मुझसे अन्धा कुआँ—
''मुझ में भी जीवन-द्रव है, देखो!
जिसका इशारा पा
घर से निकलते हैं चरवाहे
डंगर समेटते हुए,
झाँक जाता है वही भोर का तारा
मेरे हृदय में भी कभी-कभी।
जानता है भोर का तारा—
मुझमें लबालब भरा है जो,
वो उसका आकाश है
और उसकी आँखों में जो दमकता है—
वो मेरा पानी थिराया हुआ!

है इतना अहसास तो हमको
अपनी मगन आपसदारी का
जो बरसों आपस में नहीं बोलती
पर क़ायम है जस-की-तस जैसे सदियों से।

जिसने मिलाया था हमको—
वो रात सुन्दर पनिहारिन थी!

क्या जाने कौन दुख लिये आई
झन-झन-झन झांझर बजाती हुई
कूद गई मुझमें छपाक!
तीन हाथ उछल गया

मुझमें ही काँपता हुआ मेरा जीवन द्रव,
अचकचाकर उड़ गया जुगनू
रस्सी पर झूलता हुआ।
भोर का तारा उसी रोज़ पहली दफ़ा
मेरे भीतर के पानी में उतर आया!
उसकी ही आतुर छुअन से
रात का जूड़ा खुला
और एक मादक-सी गन्ध लिये
चटक गईं दुर्लभ वनस्पतियाँ
मेरी दीवारों की काई पर!

और भी बहुत कुछ है
जो मुझमें ठहरा है सदियों से!
कूपमंडूक जो कहाते हैं,
वो भी समझते हैं अच्छी तरह—
मेरे तल पर जो भी आ बैठे, मेरे ही होकर रहे!
उन सबके दुख धीरे-धीरे मेरे हुए!
और कहाँ भेजता मैं उन्हें!

दीवाली के एक दिन पहले
मेरे जगत पर जो
रख जाती है यम का दीया—
उस लड़की को भी पता है
कि जितनी शाइस्तगी से
ख़ुद छूट जाता है पका हुआ खरबूजा
अपनी लतर से,
नहीं छूटते डर या अपडर
इस जीवन की वल्लरी पर
झबरीले गुच्छों में फूले-फले!
मुझ-जैसे अन्धे कुओं को
मिलती है इनसे ही छाँव,
मुझमें हहाती ये प्रतिध्वनियाँ
उनमें तब पाती हैं ठाँव!

बंगाल का काला जादू

'रेलिया न बैरी, जहजिया न बैरी,
बैरी नोकरिया हो राम'
—देखा है औरतों को गाते बिरहा के गीत,
कोसते हुए सौतन-बैरन नौकरियों को
जिनके चक्कर में पियाओं को गौने के बाद ही
चला जाना होता था कलकत्ता,
रंगून,
कारू-कामाख्या!
टुकुर-टुकुर रस्ता निहारती,
कौए से कभी, कभी राही-बटोही से
पूछती फिरती थीं
आठ से साठ बरस तक की
बिरहिनें
कि पिऊ उनके मिले तो नहीं बाट में!
बेचारे राही-बटोही भी क्या जानते होंगे
कौन पिऊ हैं उनके,
वे तो ख़ुद ही होते होंगे किसी के
बिछुड़े पिऊ!
पर फिर भी जैसे बहला देती थी
सीता को त्रिजटा,
कुछ भी बहाने बनाकर,
वे कुछ तो कह ही देते होंगे ऐसा
जिससे कि धीरज बँधे!

बंगाल के काले जादू की चर्चा तो
आपने भी सुनी ही होगी!
गोपीचन्द की जो वो लोककथा गाते हैं जोगी,
उसमें बंगाल की ही तो हैं सातों जादूगरनियाँ
जो करती हैं वाक्युद्ध
सिद्ध जोगियों से,
देती हैं उनको जवाब
तुर्की-ब-तुर्की
और पलट देती हैं पाँसा!
तेलिन, धोबिन, काछिन, भटियारिन,
भिश्तिन, चमारिन और डोमिन—
सात प्रगल्भा नायिकाएँ
किसी से नहीं डरतीं
और भाषिक व्यंजना ही है उनका हथियार,
सधे हुए वे वाक्य ही तो हैं उनका
तीर, तमंचा, भाला, बर्छी, तलवार—
जिनसे बिंधता है हृदय सीधा,
एक बूँद ख़ून नहीं बहता!
बहते हैं बस आँसू—
मिट्टी पर गिरकर जो बन जाते हैं चमचम आइना।
प्रतिपक्षी की चुँधिया जाती हैं आँखें
और फिर जब खुलती हैं—
तो उनमें दीखती है उनको
अपनी ऐसी सूरत
कि वे डर जाते हैं अपने से!
भाषा ही वह काला जादू है
जो आपको आपके
अपने चेहरे से डरा सकता है—
यह हमने जाना था
बंगाल की उन जादूगरनियों से
जिनकी विद्या काली विद्या ही कही गई
क्योंकि था भाषा का वैभव वहाँ!
उनसे बहुत ज़्यादा डरती थीं सब बिरहिनें
कि जिनने पोस लिया

सुग्गा बनाके
जालंधर बाबा को,
बबुआ के बाबू को पोस नहीं ले कहीं!
उनके बारे में ही रह-रहकर होते थे
उनको अंदेसे
कि भेड़-बकरी बनाकर
पोस ही लिया होगा
उनके पियाओं को,
तब ही वे कभी नहीं लौटे!
बंगालिनें अब तक हमारी तरफ़
कहलाती हैं जादूगरनी कि
उनकी उन मदमस्त आँखों में
भाषा की पाँखें खुल जाने का सन्तोष
सम्मोहन बनकर खिल जाता है
और जो भी पास जाता है—
जीव-जन्तु और पंछी-पुरुख—
'आमी तोमाके भालोबाशी' वाले
चक्कर में पड़ जाता है!
इस डर का ही
पुनर्जन्म है यह सवाल
जो पूछती है बिरहिनी अब
मुन्नी मोबाइल पर अपने पिया से—
"कैसे हैं?" के पहले "कहाँ हैं, जनाब?'

चैन की साँस

क़िस्सों के वन में हम रहते थे,
एकदम वन में नहीं, वनप्रान्तर में!
क़िस्से वहीं से टुघर आते
तरह-तरह के जंतुओं की शकल में,
नेवला-गिलहरी कभी,
कभी खिक्खिर!
दादी के बचपन में तो
बाघ-भालू की शकल में भी आते
तरह-तरह के भयावह क़िस्से!
कुछ देर घूम-टहल
वे लौट जाते थे वापस।
बकौल दादी—
हर कहन-सुनन के तुरत बाद
क़िस्से चले जाते थे वन में,
और हमें सोचना होता था मन में
कि वे क्या-क्या कह गए!
क्या छूटा पीछे—
तरह-तरह की अर्थकायाएँ छूटीं
काँपती हुईं,
अनुगूँजों में सीमित
रह गई हर दहाड़!

× × ×

ऋतुमतियों को दादी
ख़ास तरह की कहानियाँ सुनाती,

और ऋतुस्नान के बाद की कँपकँपाहट में
वे क़िस्से ख़ास ही दहाड़ते!
मन की अँधेरी गुफाओं में
अनुगूँजें तैर रही हैं अब तक
दादी की पक्की सहेली, फूलमती की,
आठ साल की उम्र में जिसकी
शादी रचाई गई
साठ साल के पीपल से।
अर्थशास्त्र ही तो रहा है हमेशा नियामक
नीतिशास्त्र का भी
दूल्हा ही नहीं जुटा, मतलब कि शादी का पैसा
तो पीपल से उसकी भाँवरें पड़ीं!
गाँव-भर की औरतों ने
जमकर गाए मंगलगान—
'चलनी से चालल दुलहा/सुपली से फटकल हो!'
कनखियों से देखा फूलमती ने पीपल दूल्हे को
और सोचा कि खड़ा तो रहेगा मुसीबत में,
छोड़कर नहीं भाग जाएगा कलकत्ता!
धीरे-धीरे दोनों का प्रेम गहरा गया!
फूलमती सारे दुख उससे ही कहती
और वह हिलाता चला जाता पत्तों की गर्दन लगातार!
थोड़ा-सा झुकने की कोशिश भी करता,
उसके नन्हे कन्धों पर छाँव धरता!
घर-भर के सब काम निबटाकर
गोद में लिये एक छौना
अक्सर ही फूलमती आ बैठती
अपने पीपल से सटकर!
बाबा ने एक बैल भी उसको दिया था दहेज में!
उसी पेड़ की छाँव में
गाँव की ख़ातिर
सरसों का तेल पेरती
फूलमती बड़ी हो गई और फिर बूढ़ी।
दिन-भर वह काम में लगी रहती,
फ़ुर्सत नहीं मिली

पउती से
आइना निकालने की।
एक दिन तेल के परात में
उसे अपनी सूरत दिखी
देखा कि बालों में आ गई है कुछ सफ़ेदी
तो उसने चैन की साँस भरी
और कहा मन ही मन—
"शुक्र है कि कट गई ज़िन्दगी,
जैसी कटी, कटी इज़्ज़त से ही!"
इस बात पर बूढ़ा बैल हँसा!

उसी शाम
राजा के शोहदे
गुज़रे उधर से
और उसे उठा ले गए...
"तो बेटी, चैन की साँस नहीं भरना कभी,
तिरिया जनम चैन की साँस का बैरी!
कुछ भी कभी भी हो सकता है तो रहना ढँक-छुपके!
वैसे तो सात घूँघटों में भी इज़्ज़त नहीं बचती कभी-कभी,
पर तब भी अच्छा है ताकीद से रहना"
सुनते-सुनते जब हम अकछ गए,
एक रोज़ विजयलक्ष्मी बोली—
"औरत की इज़्ज़त
तिनकों का टोप नहीं, दादी,
जो एक फुफकार में उड़ ही जाएगी!
वह पीपल का पेड़ है बुढ़वा, उसकी जड़ें
धरती में रहती हैं गहरी गड़ी!
आँधियाँ आती हैं, जाती हैं
लेकिन कथाएँ रह जाती हैं नेकी-बदी की!
और चली भी गईं वन में वापस
तो उनकी अनुगूँजें रहती हैं ज़िन्दा
लगातार कहती हुई—
'क़िस्सा गेल बन में,
सोच अपना मन में!"

कोल्हापुरी समतल

बहुत समय पहले की बात!
तब मैं शहर में नई आई थी
सीधा उस पाताल से जहाँ
लग्गी से तोड़ते हैं बैंगन
और चढ़ जाते हैं देखते ही देखते
चने की झाड़ पर!
हील पर टँगा था शहर।
जो जहाँ था, हील पर ही था
यानी पहुँच के परे—
हील पर थी देश की संसद,
हील पर ही विश्वविद्यालय,
हील पर और व्हील पर ही था सारा बाज़ार,
हील पर ही थे देवालय!
सदियों उचकती रही एड़ियों पर,
फिर भी पहुँच के परे था सब,
लचकने का नाम नहीं लेती थी कोई भी डाल,
अंगूर खट्टे थे, चरपरे सारे एहसास!
फिर एक दिन मैंने हिम्मत की
और रिडक्शन सेल में
बड़ी हील वाले
वे जापानी जूते ख़रीदे!
''मेरा जूता है जापानी''—
गाने-गाने को हुई,

पर जल्दी रोक लिया ख़ुद को—
"औरत हूँ, बीच सड़क मेरा यह गाना
'आ बैल, मुझे मार' का हो न जाए
दावतनामा!"
कुछ देर तो
नए जूतों में मैं
सिंड्रेला-सी उड़ी—
ईफ़िल टावर, कंचनजंघा और रामगिरि!
लाँघ गई
इतिहास-मिथकों की सब गलियाँ!
सब ठीक था जब हवा में थी
लेकिन जब धरती पर उतरी तो
पाँच कदम चलते ही
डगमगा गई!
टूट गई एड़ी,
बैठ गई धम से वहीं!
लाहौलविला कूवत, ये हाई हील
जातियों की
नस्लों की,
हाई-फाई सब समाजों की!
आश्वस्त हूँ अब तो-अच्छी है कोल्हापुरी चप्पल,
अच्छा है मेरा वह कोल्हापुरी समतल!

एक ठो शहर था—और एक थी निर्भया

(पाँच अंकों की लम्बी कविता)

हनूज दिल्ली दूर अस्त

मैं देहली-एक सनातन स्त्री
किसी की पहुँच के परे,
सात दिल्लियाँ एक दिल्ली के भीतर ज्यों–
सात आसमाँ मेरे भीतर
ग़र्दिश में नाचते हुए!
चार हज़ार बरस गिनकर बाँधे मैंने
जब उम्र के बटुए में–
आँखों में मेरा इतिहास,
किसी किरकिरी की तरह गड़ गया,
लाल हुई आँखें, पानी-पानी, आग-आग!
देहली! देहली के पार की दुनिया
देह-पार की दुनिया होगी, यह सोचती हुई
मैं इन्द्रप्रस्थ गाँव की द्रौपदी के संग
थोड़ा ही पहले महाभारत के–
बेचैन, कहाँ-कहाँ भटकी–
पुराना क़िला, नीली छतरी, निगमबोध!
पर कोई ऐसी जगह नहीं मिली
जहाँ देह के पार मुझे जानता हो कोई,
जानता था मुझको जैसे
मेरा वह आशिक़ पुराना–
हजरत निज़ाम औलिया!
जानता था मुझको वो
जानता था मेरे आलीशान खंडहरों को

उनका नि:शब्द शून्य
एकतारे-सा बजाता हुआ :
'हनूज दिल्ली दूर अस्त!'
मैं देहली, एक सनातन स्त्री,
हरदम ही दूर, हरदम पहुँच के परे
और सदा की बिदेसन,
सात नगर उजड़े मेरे भीतर,
सतफाँका मेरा वजूद! सतरंगा पनसोखा!
योगिनीपुर, लालकोट, सिरी, चिरागदिल्ली!
दीवारें ही बस गिरी हैं इन शहरों की,
गिरनी भी चाहिए दीवारें ही—
एक मलंग शहर बनकर खड़ा होता है तभी,
दीवारें ढह जाती हैं जब आपस की
और मिलकर नाचते हैं सपने और स्मृतियाँ,
रज़िया-याकूब
ग़ुलाम और गोरी,
शेरशाह सूरी, हुमायूँ,
ज़फ़र और सुभाष!
'चलो दिल्ली, चलो दिल्ली'—गूँजता है नारा।
हिन्दुस्ताँ की उजाड़ बस्तियों से
दिल्ली की ओर, सदल-बल बढ़ी आती हैं
कितनी गठरियाँ
चिलचिलाती धूप में जन्तर-मन्तर पर
नाचती हैं, देखो, पीटकर नगाड़ा।

उनकी तस्वीर आँकने को
कूँची पर जो मैं उठाती हूँ यमुना का पानी
किसी गटर के गाज-सा इकदम स्याह,
कान छूकर निकल जाती है
अमीर खुसरो की आह—
उफ़, वे दिन कहाँ गए,
कितनी शफ़्फ़ाक़ हुआ करती थी साँवली नदी!
आसमाँ के सिजदे में झुकती,
वजू की सुराही-सी उठती

इसकी लहरें—
दरवेशों-सी नाचती जब हवाएँ
मंजरियों की गन्ध पी के!
साँझ के रंग की नदी!
किसी नेक दिल की तरह
आर-पार झलकती हुई!
तोतापंखी ओढ़नी ओढ़े गन्ने के खेत!
मंगोल से, तुर्की से
कालमेघ की तरह घुमड़े चले आए
सैनिकों के हाथों से
छूट गिरी बर्छियाँ!
एक ही जलवे में
हाथों के तोते उड़े,
इश्क़ ऐसा हो गया इस ज़मीं से कि बस ही गए
क़िस्सों के तोता-मैना बनके!
और उसके बाद क्या-क्या हुआ,
ये सोचके, बैठ गए खुसरो सिहर के,
घुमड़ने लगे सुख-दुःख, रगड़े-झगड़े सारे
चार हज़ार बरस पार से!
'चलो दिल्ली, चलो दिल्ली' नारे लगाते-लगाते
अचानक ही गाने लगे बच्चे जन्तर-मन्तर पे—
'जन्तर-मन्तर घोंसा-सारी, बुढ़िया खाए लौंग-सुपारी'!
लौंग-सुपारी का बीड़ा लगाती हुई शानदार यह बुढ़िया देहली
हँसती हुई उस दिन बोली—
'जन्तर-मन्तर के इस हड़ताली चौक पर
ढोल पीट नाचती हुई ये गठरियाँ
ये ही दिलाएँगी मुक्ति मुझे,
गा उठूँगी थेरियों-सी फिर—
'अहा, मैं मुक्त हुई...'
देहली के बाहर होंगे अब मेरे ये पाँव—
पीछे ही छूट गई उन बस्तियों की तरफ़
जहाँ रोज़ ही मर रहे हैं किसान,
अब दिल्ली दूर नहीं!'

प्लेटफ़ॉर्म पर ग्रामवधुएँ : 2014

फिर से हुआ है विस्फोट,
पटरी से उतर गई है ट्रेन फिर से।
बैठी हैं अपनी गठरियों पर
टुकुर-टुकुर ताकती हुई कुछ किसान औरतें,
घर से चली थीं तो—
धान-फूल हल्दी की टूसी से
चुम-चुम चुमाया था
ग्रामदेवता को!
गाए थे कुछ मंगलगान
इस पूरी कायनात की बरकत की ख़ातिर—
'आज मंगल के दिनवा सुभे हो सुभे,
डुबकल तरैना, सुभे हो सुभे, आजी दहकल परनवा, सुभे हो सुभे।'
बहुत बड़ी गोदी है इन ग्रामवधुओं की,
इनकी आँखों से टपकता है दूध
हर घायल क़ौम के लिए।
डूबते हुए तारों को,
दहकते हुए प्यारों को,
एक ही आँचल से ढाँपती हुईं
सबको सुला देना चाहती हैं ग्रामवधुएँ
चैन की नींद,
दिन-भर की जी-तोड़ मेहनत का
सीतल परसाद
बैंजनी डुलाकर खिलाती हुईं!

अपनी दावत में कोताही नहीं करतीं,
पूरा ब्रह्मांड न्योतती हैं वे इन लोकगीतों में—
एक पंगत पर जिमाती हैं—
चिड़िया-च्यूँटी और तरेगन की पाँत,
ऊँच-नीच नहीं मानतीं।
बाघ और बकरी को
एक साथ चौपड़ खेलवाती हुईं
पान-पत्तों पर उठाती हैं,
मरे-अधमरे भुइलों को
कि वे जी जाएँ,
जिएँ और ख़ूब जिएँ,
फूलें-फलें—
चार से चौवन हो जाएँ।
उजियाएँ, गिरी-पड़ी, ढिमलाई घायल जमातें!
जीवन के पक्ष में
बाँहें उठाकर खड़ी ये
पुरधाइनें
नहीं मानतीं
दीन-मज़हब,
नहीं मानतीं
जात-पाँत!
इनका अगर बस चले—
आँचल से ढँककर रख लें ये तो सारा संसार :
झुनझुनों की ख़ातिर लड़ता-झगड़ता हुआ।
झुनझुने ही हैं इनकी ख़ातिर दीन और मज़हब
और लेमनचूस हैं
जर-ज़मीन यानी कि दुनिया की सारी विभुताएँ!
उनका बस चले अगर—
सबमें वे बाँट दें बराबर!
पर उनका बस ही नहीं चलता
तो गठरी में
बाँध-बूँधकर
छिटका दिया है
कुछ हिस्सों में अपना घर

—वैशाली, मगध और विक्रमशिला,
कपिलवस्तु, राजगीर और नालन्दा
दिल्ली की ओर बह रहे हैं
जैसे कि पेड़ धराशायी
काल-नद की लहरों पर!

विस्थापन बस्ती की कुछ पुरमज़ाक़ पद्मिनी नायिकाएँ

अमृता शेरगिल की तस्वीर में ढील चुनती औरतें

कैसा लगा होगा अमृता शेरगिल को
गोरखपुर में, कोई नहीं जानता,
पर उनकी तस्वीरों से उठकर
ये स्त्रियाँ पटना-सीवान गोरखपुर की, आई हैं दिल्ली कमाने,
कभी-कभी ये बैठती हैं मिल-जुलकर
झुग्गी की चौखट पर उसी जगह
जहाँ कभी क़िस्से में मारा गया था हिरण्यकश्यपु—
मारा गया था तो बस इसलिए कि वह
भाषा का पेंच
डी-कोड नहीं कर पाया।
समझ नहीं पाया
कि वरदान की भाषा में भी
एक पेंच हो सकता है मारक!
कहा गया था उससे—
'मार नहीं सकता कोई तुझे
आदमी या जानवर
धरती या नभ में,
दिन में या रात के समय,
अस्त्र से या शस्त्र से'!

पर बीच में भी कुछ हो सकता है—
ये उसको कैसे भला सूझता
जिसने हरदम ही अतियाँ कीं,
जाना नहीं बीच का रास्ता!
न घर में, न घर के बाहर,
ये वाली ख़ाली जगह
एक जादुई स्पेस है जहाँ रहते थे राजा विदेह :
'जल में शतदलतुल्य सरसते,
तुम घर रहते, हम न तरसते!'
गुप्त की यशोधरा ने
जो बीच का रास्ता सोचा बुद्ध के लिए,
अन्त में बुद्ध वहीं लौटे,
प्रौढ़ाओं के प्रफुल्ल, श्वेत-श्याम केशों के
ठीक बीचोंबीच जहाँ पड़ता है सेनुर
ऐसा ही तो बीच का रास्ता,
होता है अतिथों के बीच कहीं
जहाँ न दिन होता है, न ही रात!
न घरमुँहा राग, न कट्टर वैराग।
एक-दूसरे की जूएँ चुनतीं,
बीनती जीवन के सारे खटराग—
जानती हैं औरतें बीच का रास्ता—
साम-दाम के बाद ही दंड-भेद से गुज़रता!
थोड़ा हटकर, थोड़ा ठठकर
थोड़ा मटियाती हुईं
उठती-गिरती, माफ़ कर देतीं, फिर लड़तीं
काटती हैं ज़िन्दगी
और इनका अन्तिम अस्त्र है हँसी।
बात जब हद से गुज़र जाती है,
तब भी ये कहती हैं हँसती हुईं,
"अरी, कहाँ चल दी सखी, ज़िन्दगी है ऐसी ही।
बेशक उबाल नहीं खाती बासी कढ़ी,
पर बासी चुटकुले तो पीढ़ियों तक
ठठ्ठा जगाते हैं वैसा ही!
चैन की बंसी भी बज ही जाती है कभी;

वरना अपना-अपना राग, अपनी-अपनी डफली।
रगड़े-झगड़े भी वही, वही आना-कानी
अटकन-चटकन खेलते दुख-सुख, सब आनी-जानी।''
झूम-झूमकर गाती-हँसती-उलझती हैं
ये औरतें हैं झकास,
एकदम अलग उनसे
जो चित्र में बैठी
धूमिल कपड़ों में उदास!

क

गायत्री कौल : खोली नम्बर 55

हल्का-सा खिसक गया है उसका माथा,
एक दिन सीधे चली गई थाने।
दर्ज किया एक अजब-सा एफ़आईआर—
''एक तम्बू में गुज़ार दिए इतने बरस!
स्टोव पर गुड़ के चावल पकाती,
मंगल मनाती रही कि
बना रहे जो कुछ बचा है।
एक रोज़ आँख खुली तो देखा—
मेरे पहाड़ कोई चुरा ले गया,
चुरा ले गया मेरे जंगल!
टेबुल के नाम पर
एक पठार ही तो था पास मेरे—
उस पर ही आवेदन लिखती,
खिचड़ी पकाती,
कभी-कभी उस पर ही
सर रखकर सो जाती!
वह पठार भी कोई चुरा ले गया!
नौकरियाँ ढूँढ़ते हुए कभी जी करता,
डिग्री की नावें बनाकर
तिरा दूँ कहीं।
हाथ डुलाती चली जाऊँ देने इंटरव्यू।

कुरते बदरंग हो गए थे!
इंटरव्यू में पहनने के लायक
कुल तीन बादल बचे थे,
वहीं अलगनी पर तो फैलाकर डाले थे!
क्या जाने कहाँ उड़ गए
मेरी धमनियों में बहती हुई
रक्त की नदी
सूख चली है अब दारोगाजी,
कुछ तो करो, कुछ करो!''
दारोगाजी बोले—
''शाम को घर आना, गायत्री कौल,
वहाँ बड़े साहब भी आएँगे,
ये लो पता—उनको ख़ुश तो करो,
वे तुमको नौकरी दिलाएँगे।
वापस करा देंगे जंगल-पहाड़!
धूप में खड़ी क्यों हो,
आओ, इधर बैठो,
कश्मीरी सेबों-से लाल
ये कैसे गाल हैं कमाल!
तुम तो ख़ुद कश्मीर हो!''
क्या जाने क्या जी में आया
कि उसने पत्थर उठाया और
जोर से पटका टेबुल पर,
हाथ बाँधकर फिर खड़ी हो गई
सरहद के कद्दावर पेड़-सी
निडर और उलाक!
क्या जाने कितने बरस बाद
लहराई थी उसके भीतर
खेती उस अखरोट की
जिसको कहते हैं हिम्मत!
केसर-केसर था शरीर!
हब्बा ख़ातून
और लल्लदेह के शब्दों के
बीच बह रहे आशय-सी

व्यापक, अनन्त,
गायत्री कौल हँस पड़ी जैसे
प्रलय की घड़ी का दिगन्त!

ख

आशा कविराज : खोली नम्बर 57

विस्थापन बस्ती के
सबसे प्रसिद्ध वैद्य की पत्नी
आशा कविराज!
वैद्यराज मारे गए
पिछले बरस
एक पुलिस दस्ते की गोली से।
बस्तर के जंगल से वे औषधि लाने ही तो गए थे,
नक्सल उन्हें घेर बैठे तो
मरहम-पट्टी कर दी!
अक्सर उन्हें घेर बैठती हैं
इस बस्ती की लड़कियाँ
और सुनती हैं आशा ताई से
वैद्यराज के क़िस्से!
तरह-तरह की बातें
उस दिन मैंने भी सुनीं!
आँख मूँदकर कह रही थीं—
"अँधियारे में भी मरहम-पट्टी
कर लेते थे वे टटोलकर,
इस बारे में उनका कहना था—
हर घाव का होता है
अपना ही ठंडा प्रकाश,
जैसे कि सन्तों के सर आभा-मंडल,
कालदेवता के सर
नक्षत्रों की नागमणियाँ
अलग-अलग रंग में दमकती हुईं
अलग-अलग लोगों पर!

नक्सल भी सुनते थे
बड़े ग़ौर से उनकी बातें,
उनके इस भोले विश्वास की
क़दर थी उन्हें!''
वैद्यराज चले गए
पर चौके के पीछे की उनकी नन्हीं बगीची,
रोज सींचती हैं आशा ताई!
फूल रहे हैं औषधियों की लय में
वे शब्द जो कि उचारे थे जब-तब उन्होंने!
आगे आशा ताई बोलीं—
''जाने के दो हफ़्ते पहले उखाड़ी
जो एक लता औषधि की तो बोले,
'यह औषधि ठहरी देवों की पितामही,
इसके इशारे पर मंथर गति से बढ़े आते हैं
दुनिया के सारे उपचार
जैसे कि गोशाला से गायें!
बिक रहे हैं जंगल, नदियों के तट बिक रहे हैं!
वे इनका मायका थीं,
वृद्धाओं का भी होता है वही छोह
अपने विच्छिन्न मायके से,
सो वे आहत हैं, अपना नया घर बसाते हुए
शहरी चौके के पीछे!
हे माता औषधियों की!
इन ताज़ा उखड़ी औषधियों को तेजस दो।
रस से भरो इनका तुम पोर-पोर
कि धरती के सारे घाव भरें,
रह जाए घाव का इजोर।''

ग

कबाड़िन : खोली नम्बर 261

(मैं श्यामली,
बीए का फ़ॉर्म भरा है लेकिन

घरों का कबाड़ भी इकट्ठा कर लेती हूँ कभी-कभी
जब बाबा थक जाते हैं!)

धूप चटक निकली थी आज!
कई दिनों बाद आज कोहरा छँटा था!
बाबा को था कुछ बुख़ार तो मैंने ही फेरा लगाया।
हर घर से कुछ मिल गया,
फूल गई बोरी।
एक बोरी और भी है—
यही मेरा दिल :
सदियों के जंग लगे शिकवे,
रोने-गाने के सब वही पुराने सिलसिले,
घिसी-पिटी बातें!
बहुत दिनों से भीतर भर रखा है कबाड़!
जब फेंकने जाती
हाथ पकड़ लेता कोई विचार—
'रुको ज़रा, ज़रा सोचकर देखो—
शायद कहीं काम आ जाएँ,
फिर से जुड़ जाएँ कहीं
रिश्ते ये तार-तार!'
फिर एक दिन वह भी आया
ऊपर से नीचे तक,
नख-शिख वर्णन तक में
मैं रह गई बस कबाड़।
आती है हँसी सोच के कि मीरा ने जो
गोबिन्द मोल लिया था तराजू तौल के—
क्या कोई ले लेगा
मेरा यह रसिया कबाड़?
फरहर हो जाएगी अँगनैया मन की तब!
नाचूँगी तब टेढ़े आँगन में
एक अनन्त नाच जैसे कि ग्रहपथ पर
बंकिम ही अक्ष साध
नाचती थी पृथ्वी मस्ती में
जब वह कबाड़ नहीं थी!''

नाचती तो है वह अब भी
पर हाँफ़ती हुई!

घ

ब्यूटी कल्चर : खोली नम्बर 65

विस्थापन बस्ती में
अपनी यह शाजिया अनवर
पूरी ही तन्मयता से चलाती है
एक छोटा-सा ब्यूटी पार्लर।

ख़ुद इसको दुल्हन बन पाने की
फ़ुर्सत ही नहीं मिली,
पर दुल्हन के मेक-अप में
उस्ताद है शाजिया,
ईश्वर की भी उस्ताद—
ईश्वर की भूलें
मनोयोग से सुधार देती है।

एक और ख़ास तरह का मेक-अप है
जिसमें कि उसका जवाब नहीं कोई!
जिस अर्थ में देर से चल रही ट्रेनें
करती हैं तेज दौड़कर मेक-अप!
ये कर देती है क्षतिपूर्ति
दुनिया की सारी
भूल-ग़लतियों की!
उसका नन्हा पार्लर है घरौंदा
पीटकर निकाल दी गई औरतों का!
जो पिटकर आती हैं घर से
या नुचकर दफ़्तर से—
बैठ जाती हैं यहाँ आकर।
क्रोध-काम-लोभ से मताई हुई
इस दुनिया से ऊबकर, थककर—

कुछ घंटे आ जाती हैं पार्लर—
आँख मूँद सो जाने की ख़ातिर
दुनिया से मुँह मोड़कर!
उन औरतों से वह कुछ भी नहीं पूछती,
चुपचाप रख देती है बरफ़ की पट्टी
उनकी नीली पीठ पर
कन्धे दबा देती है उनके,
धीरे-धीरे चला देती है गाने
अक्सर एफ़एम गोल्ड पे।
सधे हुए हाथों से कर देती है मालिश
उनके उन थके हुए तलवों की,
धो देती है उनके चेहरों से
सदियों की धूल!
भाप के फुहारे दे देती है उन पर
खुल जाते हैं रंध्रकूप!

दुनिया के सारे आस्वादों की ख़ातिर
जब फिर से तैयार
हो जाते हैं रंध्रकूप—
फिर दोनों साथ-साथ बैठी हुईं
चाय नहीं पीतीं,
पीती हैं घूँट-घूँट अमृत वो
उस मगन आपसदारी का
जिसको कि कहते हैं बहनापा!

ङ

राबिया अनवर : खोली नम्बर 73

मैं राबिया अनवर!
मेरी बूटीक से ही बनकर
ख़ानदानी लोगों के घर की चादर
चढ़ने जाती है मज़ार पर!
ग्राहकों से करती हूँ पर्दा

कि मुझको जला दिया था ज़िन्दा
पिछले बरस के लव-जेहाद में।

मैं राबिया अनवर,
झुग्गियों की ड्रेस डिज़ाइनर!
अफ़वाहें उड़ती ही रहती हैं
मेरे किरदार के विषय में।
इधर-उधर उड़ती हुई कतरनों-जैसी
रंगीन अफ़वाहें, मैं उनको यों ही बुहार के
एक थैली में जमा करती जाती हूँ
कि कहीं काम आ जाएँ।
अक्सर तो उनकी लग जाती है चिप्पी
किसी का फटा ढँकने को,
कभी-कभी फूलदार
पैचवर्क ओढ़नी बनाती हूँ
उनकी ही!
जो बातें मुझको चुभ जाती हैं,
मैं उनकी सुई बना लेती हूँ,
चुभी हुई बातों की ही सुई से मैंने
टाँके हैं फूल सभी धरती पर,
हरे-भरे सारे नज़ारे,
आसमान के ये सितारे
मुझसे ही टँकवाए थे उस ख़ुदा ने—
मेरा पुराना मेहरबान है वो ख़ुदा,
सच पूछिए तो है मेरा
इकलौता आशिक़ वही,
बाक़ी तो सब बालबुतरू हैं,
मैं उनकी चिल्ल-पों कान नहीं धरती,
रहती हूँ मस्त और किसी से नहीं डरती!

छ

महिला पहलवान, सतवन्ती : खोली नम्बर 78

पहलवान थे मेरे दादा भी!
ज़िन्दा ही जला दिया था मेरे अम्मा-बाबा को
गाँव के दबंगों ने,
सो बच गए बस हमीं दोनों!
गोदी में मुझे टाँगकर
आ गए दादा शहर
और यहाँ विस्थापन बस्ती में ख़ूब फला उनका हुनर
टूटी हुई हड्डियाँ
एक झटके में बिठाने का!
फूला-फला ख़ूब
उन लोगों में जिनकी कि
टूटती ही रहती थीं हड्डियाँ—
सपनों की रीढ़ टूट जाने तक।
क्या जाने क्या सोचकर
मुझको भी सिखा दिए उन्होंने
कुश्ती के सब दाँव-पेंच।
पहलवाल मैं भी हुई! एकाध कुश्ती भी जीती!
ख़ूब मगन रहने लगे हम दादा-पोती!

× × ×

उम्र के
आख़िरी पड़ाव पर जोगियों में बैठे!
भोले तो थे ही,
सीखा कुछ ध्यान-व्यान!
धीरे-धीरे चेतना उनकी प्रार्थना पताका-सी
होश के पहाड़ों के ऊपर लहराने लगी।
वो ही समय था जब अक्सर ही मुझको बिठा लेते वो सामने
और कहते—"बचवा, सावधान,
एक कारूँ का ख़ज़ाना है,
किसी तरह तो वह बचाना है!
आदमी की रीढ़ उसका ठिकाना है।

बीच पीठ लट्ठ गड़ी है,
यह लट्ठ झुके न कभी, बचवा!
मौत को तकिया समझना,
सोना भी जागते हुए, बचवा!
अपना चौकीदार ख़ुद बनना!"
'कौन ठगवा नगरिया लूटल हो—
गाते-गाते बाबा चले गए
नींद के उस तट तक,
पर नींद के पहले झटके में अब तक
आती है उनकी हकार—
'जगले रहिअ हो, गलिए-गलिए चोर घुमइता!'

× × ×

'अपना चौकीदार ख़ुद बनना'—
कहते थे बाबा जब,
घबराकर मैं सोचने लगती थी—
चौकीदारी में तो होता है बैठना
डगमग स्टूल के सहारे घर के बाहर,
कोहरीली रातों में घूमना होता है इधर-उधर
छाती बजरबट्ट रखकर!
सितलहरी की ही लय में सीटी
फूँकनी होती है रात-भर,
चीख़ना होता है रह-रहकर—
'जगले रहिअ हो, गलिए-गलिए चोर घुमइता!'
क्या मैं यह कर पाऊँगी?
अगर कभी चमकाना ही होगा
तो चाँद-जैसा जबर टॉर्च
चमकाऊँगी सबसे पहले
दीपू की छत पर!
तब मैं ये क्या जानती थी,
सचमुच ही मुझको लगा लेंगे सब चौकीदार!

× × ×

वैसे तो सामने के घर में
ड्राइवर था मेरा आदमी, पर ऐक्सिडेंट में जान जो गई
फ़ुटपाथ पर सोए लोगों की,

स्टीयरिंग पर साहब का लड़का था।
साहब के कहने पर
इल्जाम मेरे ही आदमी ने
अपने सर ले लिया
और जेल गया
साहब ने तब कर दी
मुझ पर कृपा,
चूँकि मैं पहलवान थी।
बिल्डिंग की चौकीदारी मुझे उन्होंने सौंप दी!
रात तो कट जाती है किसी तरह—
जागते-जागते,
लेकिन दोपहरें नहीं कटतीं!
नई-नई शादी हुई थी—
वह भी बहुत मुश्किलों से!
पहलवान दुल्हन—
तौबा-तौबा!
कितने लोगों ने था उसको भड़काया,
पर उसको मुझमें कुछ तो भाया
जो उसने 'हाँ' कर दी!
मेंहदी भी उतरी नहीं थी।
कि उसको जेल ले गए—
कितने बरस बीते यों ही अकेले
बैठी-बैठी ही लुढ़क जाती हूँ मैं कहीं
प्याऊ के फूटे घड़े-सी—
जेठ की धधकती हुई लू में
किसी प्रेमपत्र की तरह जब उड़ी आती है
मादक गंध वो हहाती हुई
गदराए सुकुल आम की,
काँप-काँप जाती है देह व्यायाम से तनी।

× × ×

पीछे तो बहुतेरे लोग पड़े,
पर मैंने घास नहीं डाली...सोचती रही,
जिसने चूड़ियाँ पिन्हाई हैं,
बेवजह जेल गया है,

छूटेगा कभी-न-कभी!
फिर एक दिन
वे सदलबल चले आए!
भारी पड़ी चौकीदारी!
हो बाबा,
कौन ठगवा नगरिया लूटल हो!
पर मैंने हार नहीं मानी है अब तक
देह हो भले एक नगर,
पर रूह है वह डगर
जो कोई लूट नहीं सकता।
ट्रक के गुज़र जाने से
या किसी हादसे से
इज़्ज़त का क्या रिश्ता, भाई?
बाक़ी गुटके की तरह थू है,
मेरी यह निर्भीकता ही मेरी आबरू है!

ञ

डॉली सर्राफ़ : खोली नम्बर 88

बस्ती की इन औरतों में
सबसे ज़्यादा पुरमज़ाक़
है अपनी डॉली सर्राफ़!
विस्थापन बस्ती में
एस.टी.डी. बूथ वह चलाती है!
एसिड से जला दिया था उसका चेहरा
उसके उस तथाकथित प्रेमी ने—
उसके इशारों पर नाचना बन्द जो किया!
लेकिन वह धरती थी
और किसी अम्ल की बारिश
जला नहीं सकती है चेहरा
धरती के दमखम का!
उसका भी दमखम
चमकता रहा चमचम

एक शफ़्फ़ाफ़ आइने-सा
दुनिया को दुनिया का चेहरा
दिखाता हुआ!

× × ×

हर बात पर हँस देती है वह!
दूर कहीं परदेश में
एक लड़का है
जिससे वह करती है कभी-कभी
मज़े-मज़े की बातें।
उसने कभी उसको देखा नहीं
और उम्मीद भी नहीं देखने की,
पर शब्दों की गुड्डी दोनों उड़ाते हैं
मज़े-मज़े में फ़ोन पर!
आवाज़ की दुनिया
एक तिलस्मी दुनिया
और तिलस्मी ही हैं उसकी कहानियाँ!
दोनों मिले होंगे यों ही आकाश में कहीं
रॉन्ग नम्बर की तरह!
धीरे-धीरे बढ़ गई दोस्ती।
और अब जो बातें होती हैं उनमें—
ये ठहरी उनकी ही एक बानगी—
'आकर यहाँ क्या करोगे?
देखने लायक नहीं है ये थोबड़ा!
अच्छा, चलो कभी आ जाना
भुट्टों में खिच्चे दाने बनकर
ओस का अँगोछा हिलाते।
मुस्काते अपनी चवनिया मुस्कान!
लेकिन सुनो,
कभी मत आना,
ऐसे बगलें झाँकते
जैसे कि आता है सरकारी मुआवज़ा
मासूम लोगों के घर!
मत आना शेखी में ऐंठे हुए
जैसे कि पाँचसितारा होटलों से

आता है बस्ती में
बचा हुआ खाना!
मत आना ऐसे
जैसे कि आते थे
अश्वमेध के घोड़े
युद्ध-जर्जर प्रान्तों में!
पीछे आते थे सम्राट
लहराते दिग्विजय पताका—
आगे-पीछे देखते
जैसे कि पूछ रहे हों—
'है, कोई है, कोई है मेरे जैसा?'
आना तो राजा की धमकी पर
बाग़ी की निर्भय हँसी की तरह आना!
आ जाना भुट्टे में खिच्चे दाने बनकर—
ओस का अँगोछा हिलाते,
मुस्काते अपनी चवनिया मुस्कान!"
ऐसी है डॉली सर्राफ़,
विस्थापन बस्ती में सबसे ज़्यादा पुरमज़ाक़!

नसीहत

(थानेदार प्रभु आसाराम बापू के नाम)

डॉली सर्राफ़ ने कहा—
"पूज्यपाद बोले—
'दुनिया की किसी दुर्गति में
भोक्ता की भूमिका नगण्य नहीं होती!
एक उँगली जो उठाइए किसी की तरफ़—
चार उँगलियाँ अपनी ओर उठ आएँगी!"
"तो, यह प्रपत्ति
मानें क्या, गुरुवर
आप पर भी लागू?" किसी ने कहा—
तो घसीटकर उसको
तम्बू के बाहर कर दिया गया।
आगे बोले पूज्यपाद :
"कन्या की भी दुर्गति में
उसकी अपनी भूमिका थी।
सरस्वती मंत्र साधती
तो वाणी में ऐसा ओज जगमगाता,
निष्फल नहीं होती प्रार्थना!
पीकर मताए हुए चारों में से वो
दो के तो पाँव पकड़ लेती, और कहती—
'धर्मभाई हो मेरे, त्राहिमाम्'
तो उनका ब्रह्म नहीं जगता क्या?
औरत का हथियार भाषा ही तो ठहरी,

भाषा की कारीगरी से
भक्षक को रक्षक बना ले जो, वो ही है स्त्री!
त्याग–क्षमा–लज्जा दया–सहिष्णुता–धीरज–वाक्‌कला—
गहने हैं औरत के, मर्दों को गहनों से क्या वास्ता!
महल–अटारी लेकर मस्त हो लिये,
मर्दों ने भाषा की ज्योति औरत के लिए छोड़ दी!
कुल मिलाकर देखिए तो
इस बाट–बखरे में
प्रकृति मेहरबान औरतों पर ही रही,
मर्दों को मिट्‌टी दी, औरत को ज्योति!
भटकों को राह दिखाने का, संस्कृति बचाने का ठीका
धर्म ने तभी स्त्रियों को दिया!
ठीका मिला तो कुछ खुदरा तक़लीफ़ें भी
प्रतिभूति–कर या सम्पदा–कर की तरह झेल लेनी थीं!
इतनी भी बक–झक क्या।
सदियों के अनुभव का भी लाभ लेना था,
छुटठा नहीं घूमना था!
दिल्ली की सड़कें, साढ़े नौ रात का समय, ब्यॉयफ्रेंड और सिनेमा
—एकैकमपि + अनर्थाय + किम् + यत्र + चतुष्टयम्,
लक्ष्मणरेखाओं की भी, भैया, होती है एक तर्कणा!
'आ बैल मुझे मार' की बेवकूफ़ी में
फँस गई हैं लड़कियाँ
जैसे कि बैल बैल होते हैं, मर्द तो मर्द ही रहेंगे न।
बाँध उन्हें सकती है सधी हुई स्त्री–भाषा ही!"
इस पर मैं धीरे–से बोली—
"ध्यान से सुना, थानेदार प्रभु, यह प्रवचन!
भाषा की भी सीमारेखा होती है न,
उसकी भी होती है एलओसी
यह एलओसी लाँघकर
कहना है प्रत्युत्तर में इतना ही—
"बकौल आपके
सरस्वती मंत्र नहीं साधने की
उचित ही सज़ा पाई कन्या ने,
पर आपको क्या हुआ,

क्यों आपका मंत्र काम नहीं आया,
कैसे यों फिसल गई जीभ कि फूट गया भाँडा,
कालेधन की तरह एकदम उजागर हुआ
भीतर जो छुपा-छुपाकर रखा था
महाकुम्भ विष का!
घंटियाँ डुलाते हुए घूमते हैं जो इधर-उधर,
जिनको नहीं क़ाबू किसी इन्द्रिय पर,
चील-कौओं को खिलाना है उनका गजघंट काटकर!''

विस्थापन बस्ती की माँएँ

पासवर्ड : निर्भया की अम्मा : खोली नम्बर 105

प्रिय निर्भया,
डेढ़ साल बीत गए, बीत ही गए जैसे-तैसे!
दुनिया ने तुमको नाम दिया है नया,
जन्मी हो दोबारा, पिछले जन्मों के उस झुटपुटे से
पहचानो मुझको, मैं अम्मा!
गोदी में लेकर जो बैठती हूँ लैपटॉप ये तुम्हारा,
लगता है, किलकेगा,
और नन्हीं बाँहें खोलकर मुझे बाँध लेगा!
काश, तुमसे पूछ लेती मैं पासवर्ड,
'खुल जा सिम-सिम' जैसा कुछ कहते ही
एक पत्थर-सा खिसकता
और खुल जाता ख़ज़ाना तुम्हारे हृदय का।
देखती मैं खोल के : क्या-क्या लिख रखे थे सपने!
लैपटॉप! इसको 'असेम्बल' कराने
तुम नेहरू प्लेस गई थी!
क्या जाने कितनी बसें बदली होंगी
कोचिंग सेंटर से निकल के!
'असेम्बल'? ठीक कर रही हूँ उच्चारण?
कितना तुम हँसती जब मैं कुछ गंडगोल कर देती
और ऊबकर कहती—
'अँगरेज़ी की दुम में पलीता लगे—

असेम्बल-फसेम्बल ये क्या कर रही हो,
सीधा कहो न 'असेम्बल' का मतलब
छिटकाके देसी कहावत में—
कहीं की ईंट, कहीं का रोड़ा,
भानुमती ने कुनबा जोड़ा!''
एक दिन पूछा भी—
'पासवर्ड' क्या होता है, बेटी?
तो हँसकर मेरी ही भाषा में समझाया मुझको
पासवर्ड मानो एक मंत्र कीलित-सा!
मंत्रों के बीजाक्षर बुदबुदाके
खोलती हो, अम्मा, तुम भी तो कॉस्मिक कम्प्यूटर
और माँगती हो मदद अपने आइकनों से
कि सुरक्षित रहें बाल-बुतरू तुम्हारे
सुरसामुखी सड़कों पर,
हाथ-पाँवों से सलामत रहें ख़ुश-ख़ुश,
मिर्ची सुननेवाले हरदम ख़ुश, हरदम ख़ुश—
कोई मर-खप जाए तो भी ख़ुश,
देश-दुनिया भाड़ में जाए तो भी ख़ुश।
ख़ुशी एक अभ्यास हो जैसे!''
छूट गए हैं तुम्हारे क़ातिल हँसते हुए!
याद है मुझे तुम क्या कहती थी
देखकर अपराधों के आँकड़े—
''एक बड़ा प्रश्न चाहिए,
एक लगन कुछ बड़ी-सी
वरना खटाई में पड़ी रहेगी
ऐसे ही इनकी मर्दानगी!
इतनी अकेली क्यों हैं लड़कियाँ आज की,
इसीलिए शायद कि बन्द हो गई वह आख़िरी गली दर्शन की
जो कि लिये जाती थी छूछी मर्दानगी को
आदमीयत के मुकाम तलक,
मेले के आवारा बच्चों को
भरपूर आदमी बनाती थी।
हर मर्द चाहता है एक पासवर्ड
औरतों की निजता में प्रवेश का

और जो वो उसको मिलता नहीं,
तोड़ देता है वह लैपटॉप ही।
पता नहीं, क्योंकर वह नहीं समझता
पहले अर्जित करनी होती है योग्यता।
की-बोर्ड पर जीवन के क्लिक करने होते हैं बीजशब्द—
धीरज, ममता, संयम, लज्जा—
होंगे ये सद्‌गुण स्त्री-धन, पर
नहीं चाहतीं स्त्रियाँ किसी धन पर
एकाधिकार किसी का,
चाहती हैं कि ले मर्दजात
सद्‌गुणों के स्त्री-धन में
अपना भी हिस्सा बराबर का!
सर्च-क्लिक—सर्च-सर्च-क्लिक—
आदमी ही चाहिए, नहीं चाहिए हुलुकबन्दर!
जीवन साथी डॉटकॉम पर।
ग़ज़ब तमाशा होता है, अम्मा,
टाइप करो—ज्ञानी
तो पॉप कर जाता है 'पंडिताऊ
'वफादार' टाइप करो
पॉप हो जाता है 'दुमहिलाऊ,
'साहसी' करो टाइप,
पॉप कर जाता है 'झगड़ालू',
'दृढ़प्रतिज्ञ' टंकित करते ही
ज़िद्‌दी-सा झक्की प्रकट होता है—
ऐसों से क्या खाके
कोई अब प्यार करे!
अम्मा री, ऐसे तो हम
अकेले ही भले!
क्यों ये हुलुकबन्दर नहीं समझते—
बिन माँगे ही मिलते हैं मोती
और हृदय के रहस्यों के पासवर्ड भी।''

कान्तासम्मित

एक अजब-सा बारहमासा

(गैंगरेप की शिकार, अनन्तगता निर्भया की माँ के बारह महीने)

यह निर्भया कोई भी हो सकती है। कल्पना की है कि निर्भया की माँ लोकगीत बना-बनाकर गाती थी। इग्नू से हिन्दी में एम. ए. का फॉर्म भी भराया था बेटी ने, तब ही ये हादसा घटा।

बुख़ार

निर्भया के बाबा निर्भया के बाद से
एकदम ही गूँगे हो गए!
दिन-भर बकझक करते रहते थे
मुझसे, फिर बच्चों से—
पर अब तो कुछ भी नहीं बोलते
टुकुर-टुकुर देखते हैं मुझको
सफ़दरजंग अस्पताल के जेनरल वॉर्ड में निश्चल पड़े-पड़े!
निर्भया के बाद से
सात बार तो उनको
चढ़ा ऑक्सीजन,
ठीक हुए—
तब भी
कुछ भी नहीं बोले!

इतनी दफ़ा मैं गई हूँ वहाँ
कि चींटियाँ भी मुझे जानती हैं वहाँ की।
सफ़दरजंग अस्पताल के आगे
संजीवनी बूटी बेचती हुई
वृद्धा कमली टोपो
फ़ुटपाथ की चींटियों से बतियाती है—
"बिलों की तरफ़ लौटती हो—
दाने उठाए,
पर बारिश का क्या है,
आए-न-आए!
एक वक़्त था जबकि
एक-एक पग नापकर धरती थी धरती,
पर अब तो ढिमला भी जाती है,
जल रही है बुख़ार में!
जैसे पपीहा बुलाता है बादल को,
यह मौसमों को बुलाती है,
पर बुढ़िया दाई की सुनता है कौन!
भाग चले हैं घर से
तीनों इसके छुटके—
जाड़ा, शिशिर और वसन्त!
गर्मी और बारिश हैं बेटियाँ
बहुत दूर ब्याही हुई—
अफरा-तफरी में ही आती हैं
और आँसू पोंछती लौट जाती हैं।
छूट गई है कैसे एकदम अकेली
इन बारह बच्चों की माँ!"
सोचती हूँ कभी-कभी!
सफ़दरजंग अस्पताल के आगे
संजीवनी बूटी बेचती हुई
यह वृद्धा कमली टोपो बैठी है
कि ख़ुद धरती?

आषाढ़

मेरा दुख
जल्दी में
ढीली ही बाँधी गई
बेडौल गठरी का दुख है!
मैं जिसकी पीठ पर लदी हूँ—
वह काल भी तो नहीं जानता—
मेरी इस अवश पकड़ से
फिसल गिरीं कैसे धीरे-धीरे
मेरी सारी निधियाँ—
नौ सौ नब्बे उन भाषाओं की
वे लुप्तप्राय-सी ध्वनियाँ,
बारह ऋतुओं का विलास
अन्त:सत्वा चुप्पियाँ
होने-न-होने के बीच थरथराती हुईं
कुछ ख़ुशबुएँ—
पूरा पककर ख़ुद ही
बाली से छूट गिरे बैरागी अन्न कणों की,
आस्वाद
मिट्टी की टटा रही जिह्वा पर
आषाढ़ की पहली
सिहरती हुई बूँद का!
क्या-क्या गठरी में समेटा था—
याद भी ठीक से नहीं आता।

मेरा दुख
जल्दी में ढीली ही बाँधी गई
बेडौल गठरी का दुख है—
गोलाई खोकर
जो लटकी है
पीठ पर लम्बूतरी—
किसी म्लानमुख की तरह!
वो होती तो दौड़ती आती—
'गठरी में क्या है, माँ?
खोलो न!
क्या गई थी तुम सरोजिनी नगर?
लगता है, लाई हो सौ के दो,
सौ के दो
कितने ही स्वेटर!
एक्सपोर्ट सरप्लस की सेल भी
क्या कमाल की चीज़ है!
अच्छा माँ, भूख लगी है,
जाना है कोचिंग सेंटर,
दे दो खाना!'
एक्सपोर्ट सरप्लस की सेल में
एक तरफ़ हैंगर में
तिरछी ही लटकी
बदरंग स्वेटर-सी
यह ज़िन्दगी
टुकुर-टुकुर देख रही है रस्ता,
पर किसका?

आषाढ़-2

ये जो नसों का जंजाल
पसरा पड़ा है मेरे भीतर—
दीमकों की बाँबियों-सा सिहरता है,
जग जाती है गुदगुदी इसमें—
अव्यक्त बूँदों से लदी हुई
ये जो हवा चलती है ऐसे
आषाढ़ में!
मेरे इन दो फेफड़ों में
छोटे-छोटे बुलबुले ये हवा के
डुब-डुब-डुब करते
याद दिला देते हैं अपनी अनन्तगता बेटी के बचपन की
जबकि पपीते के फोंके से
साबुन की सतरंगी झाग हम उड़ाते थे
धुँधले अनन्त की तरफ़।
वो जो एक भुतही-सी कोठी थी
समस्तीपुर के मुहाने पर, जहाँ मेरा मायका था, निर्भया का नानी-घर,
हाथियों के पाँव-जैसे
उसके वे खम्भे
बरसाती झोंकों से उन्मत्त
धीरे-धीरे थरथराते थे!

निर्भया के बोर्ड इम्तिहान के बाद
जब उसकी नानी के घर हम गए,

एक रोज़ आई बड़ी तेज़ आँधी,
दरवाज़े चरमराए
और ढनढनाने लगा
वह अधखुला-सा दराज़—
अपनी ही मेज़ से आधा बहिष्कृत,
तिरछा होकर आधा अटका,
आधा लटका यों ही
अधर में कहीं!
कुछ अधलिखे प्रेमपत्र
धरे हुए थे उसमें सदियों से!
दौंगरे की मार से
सिहर-सिहर जाते थे अक्षर
और डबडबा जाती थी ऐनक
पल्टी हुई इनके ऊपर।
मेरे अधूरे वे प्रेमपत्र,
निर्भया ने मग्न होकर पढ़े
और सिर मेरा सहलाया!
उस दिन के बाद कुछ हुआ ऐसा
कि सखियाँ ही हो गईं हम तो!
हादसे के सात दिन पहले
उसने बताया था यों ही इशारों में
कि उसके जीवन में भी
प्रेम ने दे दी है दस्तक—
"ये जो नसों का जंजाल
पसरा पड़ा है मेरे भीतर
दीमकों की बाँबियों-सा सिहरता है,
जग जाती है गुदगुदी इसमें
अव्यक्त बूँदों से लदी हुई
ये जो हवा चलती है ऐसे
आषाढ़ में!"

सावन की पहली झड़ी

भीग रहे हैं मेरे कन्धे!
दोनों हाथों से सँभाल रही हूँ लेकिन
बस में नहीं आ रही छतरी।
ऐसी हहाती हवा बह रही है
कि पड़ नहीं रहे हैं ज़मीन पर
बारिश के पाँव :
ख़ुशदिल बच्ची की तरह
कूदती-उछलती हुई बारिश
क्या जाने कहाँ जा रही है।
क्या जाने कहाँ जा रहे हैं सब—
मेरी छतरी, बच्ची, बारिश
और ये ज़िन्दगी!

अजब है, पपीहा पिहकता सुनाई दिया
ट्रैफ़िक का शोर चीरकर!
चौंकी मैं जैसे कि दीख गया हो ज़ेबरा
ज़ेबरा क्रॉसिंग पर!
उफ्ओह, ये डाली टूट गिरी
फ़ुटपाथ के पेड़ की!
कैसा प्रचंड सखा है पेड़ का
ये सीमेंट भी—
ऐसा जकड़ता है—
लस टूट जाता है इसका

अपनी मिट्टी से ही!
मैं पेड़ का दुख समझती हूँ
पर उससे कुछ भी नहीं कहती!
ये देखो—
गिरी हुई डाली की ओट लिये
सुगबुगा उठी कुछ अँगीठियाँ!
भुट्टों की लय में ही धीरे-धीरे
सिंकने लगा है
ये मेरा अकेलापन
एक मीठी आँच पर
फिर से!
उसके प्रिय भुट्टे भी क्या सोचते होंगे—
कहाँ गई निर्भया!

भादों

उस दिन मैं कितनी छोटी पड़ गई थी—
एक बीज के खोल में समा जाने के लायक।
वो तो भला हो कि बोली टिटिहरी
और मैं चटकने लगी, बढ़ने लगी पत्ती-पत्ती।
उस दिन बहुत रूखी मैं पड़ गई थी
प्यास से टटाई हुई जीभ जितनी!
वो तो भला हो कि ऐ दादुर,
तुम ताज़ा कीचड़ की गंध लिये घर में घुसे
शास्त्रीय गीतों के बोल से निकलकर
बैठ गए पिढ़िया से सटकर!
एक अकेली चाय पीती हुई
अपने बिस्तर पर
मैं तुमको देखने लगी,
फूट पड़े सोते हज़ारों
मेरे भीतर,
मेरे बाहर!
एक अकेले प्राण में भी
कितना संचार छुपा होता है सचमुच!
रागों का पूरा संसार छुपा होता है
गोद से उतार दी गई
बैरागिन वीणा में भी!...
वो निर्भया का इकतारा, ताक पर पड़ा,
वो उसकी गुड़िया, मेरी गुड़िया?

आसिन

धुनियों की धुनी हुई रूई-से बादल
अभी-अभी जन्मी इस
पहलौटी धूप का बिछौना हैं—
पुलकित, प्रफुल्ल!
निर्भया भी आसिन की ही थी—
दुर्गा पूजा के समय की।
पहलौटी बेटी थी मेरी, नैहर में हुई थी,
जनम के समय उसकी नानी ने ऐसी ही
गुदड़ी सिली थी!
शहनाई बजने लगी फिर से नवमी की
नैहर के बंगाली टोले में—
दस द्वारों से खनकर
ले आए होंगे माटी
अपने बैजू कुम्हार:
लालटेन बाज़ार से भी
थोड़ी-सी माटी आई होगी—
उस माटी में, हाँ, घुला होगा
बासी सिंगार
थकी हुई वारांगनाओं का!
वारांगनाओं के बच्चों की
रूँधी हुई हर रुलाई
मुँह गाड़े ऐसे ही बैठी होगी
जैसे बैठी हूँ मैं

घुटने में अपना मुँह गाड़कर।
एक जरा-सी फूँक पर शंख का
हो जाता है कायाकल्प,
पर मेरा कुछ भी नहीं होता!
रुँधी हुई अन्तर्ध्वनियों का,
मुक्तकंठ दिग्नाद में कोई विस्तार
मेरे भीतर क्यों नहीं घटता?

कातिक

शुरू हो गया होगा सोनपुर में
कातिक का मेला।
'का हो, का गोदना गोदाई'
पूछ रहे होंगे
मेलाघुमनियों से
उनके साईं।
तरह-तरह के गोदने
उन दिनों थे फ़ैशन में।
जो भी बिछड़ जाता था
कातिक मेले में
अपनों से—
गोदने दिखाता हुआ लौटता था घर,
कोई पूछे कि हो किसकी लुगाई
तो झट से हाथ दिखाओ और छुट्टी—
बोलना भी न पड़े!

× × ×

तरह-तरह के गोदने
गिरमिटिया दस्तों में कहाँ-कहाँ तक गए!
देखो उधर—
किसी और के जुर्म में
जेल काटने को लाचार
एक बेकसूर आदमी
एकटक देखे चला जाता है

उस अपने 'सियाराम' को
जो उसके हाथ पर गुदे हैं।

× × ×

चाँद ने गुदवाए थे गोदने
रात के नाम के
सी-सी-सी करते हुए।

× × ×

धरती पर स्वस्तिक का
गोदते हुए गोदना
हिटलर जब ज़ोर से हँसा था,
ख़ून की नदी बह गई थी
धरती की दूध-भरी छातियों से।

× × ×

छोटा-सा एक फूल
गुदवाया था मेरी नानी ने
कि नाना जब लौटेंगे युद्ध से—
वो दिखाएगी!
पर नाना लौटे कहाँ।
प्रेम की सारी अधूरी कहानियाँ
हैं दरअसल गोदना
युद्ध-क्लांत इतिहास की छाती पर
जमकर गोदा हुआ!
जब भी चलती थी कातिक में हवा
कनकनाती हुई
पूछती थी निर्भया
संग-संग मेरे लगी
एक ढेर कपड़े पछीटती
'ऐ अम्मा, क्यों है नदी इतनी ठंडी—
क्या बर्फ़ से इसने प्यार किया था कभी?'

पूस

ठिठुर रही है ठठरी,
बुझ रही है देह की काँगड़ी!
धुआँ गया जीवन
पर पूरा पका नहीं—
कचकच रहा ये शकरकंद।
प्रेमचन्द के 'पूस की रात' का वह किसान,
नीलगायें, कुत्ता,
लेट गए हैं एक साथ
धू-धू जले खेत की
उस गरम राख में।
चेख़व के क़िस्सों की
घोड़ागाड़ी में जुता कोहरा
चला जा रहा चाल दुलकी
मॉस्को की सूनी सड़कों पर
नथुनों से धुआँ-सा निकालता!
अभी-अभी एक डॉक्टर उतरेगा
घोड़ागाड़ी से
और एकदम से पकड़ लेगा
नब्ज समय की!
जैसे कि निर्भया नहीं जानती थी
उस रात मुझे 'बाई' कहने के पहले,
कि वो अब कभी नहीं लौटेगी घर,
डिप्थीरिया का मरीज़—

वह रूसी बच्चा भी
क्या जानता था कि
पेंसिल चबानी नहीं चाहिए थी!

कितना भी भारी
सवाल हो गणित का
यह ज़िन्दगी,
दाँतों-तले दबा रखने को
होती है बस उँगली—
एकदम से कनकनाती हुई!
मुझको पढ़ाई थी
रूसी कहानियाँ निर्भया ने ही,
जब कुछ अच्छा पढ़ती—
उसकी आँखें
थोड़ी और बड़ी,
और भी स्वप्निल हो जातीं
जीवन की ट्रेन के बाहर
अचानक ही कूद पड़ी
अन्ना केरिनिना की आँखों-सी!

माघ

'जाड़ा रइया,
तोरा डरे घेकुरी लगइअ।' कहते थे बाबा!
लोकगीत में माघ राजा है बहुत कड़क
जिसके डर से
घुटने में डाले माथा
बैठे हैं सारे किसान।
ग़ौर से अगर देखो तो लगता है—
डर एक पवित्र घाव है
जिसमें घेकुरी लगाए हुए
बैठा है सारा जहान।
तावीज़ों के भीतर
घेकुरी लगाए हुए
बैठी हो जैसे दुआ—
बूढ़े बैठे हैं रजाई में
दुबके हुए!
आज एकच्छत्र है कोहरा!

× × ×

जब उसकी चिता सजी
किसी ने उतारकर मुझे दे दी तावीज़
जो उसको मैंने पहनाई थी!
डबडबाई आँख से देखा नन्ही तावीज़ ने मुझे
छुप गई
मेरी छाती में!

फागुन

‘भर फागुन बुढ़ऊ देवर लागे,
भर फागुन’, गाती थी माई,
एक कटहली चम्पा
फूलती थी तब नसों में,
और बदल जाती थी साँपों की चाल—
चलते थे अहुरे-बहुरे वे
मताए हुए!
अदबदा जाता छत्ता शहद का
और बदल जाता था रंग
नाले के शैवाल का!

मटके में आधा ही जमा हुआ
गाढ़ा दही थरथराता है जैसे,
थरथरा रहा है वो
दसवीं का बच्चा—
साइकिल सीखती हुई
बार-बार गिरती है धाएँ
ऐन उसके सामने
फूलदार
सलवार-कुरते वाली
यह हवा।
ऐसे ही धाएँ-धाएँ गिरती थी बचपन में
गदबदी निर्भया।

बौरा गई है गिलहरी—
खीरी के पेड़ों पर बैठी गौरैया
एक पंख उठाए हुए
लेती है अँगड़ाई मीठी!
बिना बात फूट रहे हैं सोते!
आकाश का मन बहुत साफ़ है!
एक विचार उड़ रहा है बस
चील–चाल में।
अलसा रहा है बिलौटा
जैसे वह अलसाती थी,
रोज़ सुबह उठने के पहले
नखरे दिखाती थी,
खींच लेती थी रजाई में मुझको भी!
याद आती थी कहावत मुझे तब ये
"लड़िका के बहाने लड़कोरी जिए'—
बच्चे को दूध पिलाने के बहाने
सुस्ता लेती हैं सभी माँएँ!
वो थी तो फुर्सत नहीं थी,
अब फ़ुर्सत ही खाने दौड़ती है दानवी–सी!

चैत : एक अनन्त-सा प्रसव

हँसुए को पाँव से दबाकर
काट रही हूँ जैसे पकठोसा कटहल,
कटने का नाम नहीं लेती यह रात भी,
छोड़ रही है बस नाख़ूनों पर लस्से।

× × ×

उठकर खिड़की खोलती हूँ।
ताना-सा मारती है यह वसंती हवा!
जले हुए सम्मत की गंध है फ़िज़ा में!
होली है शायद!
निर्भया के दोस्तों को
वॉट्सऐप पर छिड़क देती हूँ शुभकामनाएँ
जैसे कबूतरों को दाने।
ये कबूतर मेरे अपने हैं—
अचकचाकर मेरी ओर देखते हैं
कि पौ फटी भी नहीं और शुरू हो गई इसकी खटखुट
—औरत है ये या मुर्गी है।
चिनका-सा आइना है यह आकाश
आँखों से पोंछ रही हैं काजल सारी दिशाएँ!
इधर-उधर छितराकर ख़ाली तलहथियाँ
पेटकुनिया पड़े हुए हैं मेरे बचे हुए बच्चे—
निर्भया के भाई।
मेरा आँचल इनको पूरा नहीं पड़ता,
रात में चिहुँक उठते हैं कितनी बार,

पानी पीते हैं बोतल तिरछी करके,
बाँह से ही पोंछते हैं पसीना और
सो जाते हैं फिर से
गुड़ी-मुड़ी होके।

× × ×

है यह अजब सिलसिला।
घुटनों के बीच गाड़कर अपना पूरा वजूद
अपने ही गर्भ में गुडुप होना
और जन्म देना ख़ुद को दोबारा हर रोज़!
धीरे-धीरे खिलना
फिर से हरेक रंग में
और सो जाना सईं साँझ
काली कमली ओढ़ के!

चैत में न्यायालय

कूप में ही यहाँ भंग पर्‌यो है!
कोई किसी की नहीं सुनता!
फोड़कर दीवारें कारागृह की
भीतर चला आता है जैसे पीपल का पौधा,
मेरे घुटते मन में
याद चली आती है तेरी।

किस बात पर सिर हिलाते हैं पत्ते?
निरपराध ही जेल काट रहे
युवा क़ैदियों का दुख जानते हैं ये!
कुहुक रही है कोयल
जन्मों से
फ़रियाद में!
ऐसे भी बहुतेरे होंगे
जो औरों के हिस्से की क़ैद काटेंगे,
कुछ होंगे जिनसे अपराध हुए होंगे
पर झक में,
कुछ ही ऐसे होंगे
जिन्होंने सोच-समझकर पेट में, योनि में या हृदय में
भोंकी होगी यों कटार जो तुझको भोंकी गई!

× × ×

कल मिली थीं उन हत्यारों की शर्मिंदा माँएँ—
'भूल हुई; पर उनको सज़ा दिला देने से

निर्भया कहाँ आएगी वापस!
पछताते हैं, उनको मौक़ा दो,
सेवा करेंगे तुम्हारी!'
मैंने धीरे-से कहा—'न्याय से बड़ी है करुणा लेकिन
ऐसे जघन्य कृत्य में एक सनद है सज़ा,
सनद रहे, निर्भया नहीं है अकेली,
निर्भया के पीछे सारा संसार खड़ा है।
न्याय से बड़ी है करुणा लेकिन
क्रूर कर्म के सार्वजनिक फ़ैसले में
निश्चित ही न्याय बड़ा है
ताकि सनद रहे!'

बैसाख

दिल्ली में तो धोबी घाट नहीं,
पर ये मेरा मायका है! कल मैं यहाँ आई
यहीं घाट उसने देखा था और गधे भी देखे थे
गधों का माथा सहलाकर बतलाया था मुझको एक रोज़ हँसते हुए—
'संस्कृत में ग्रन्थों में
'बैसाखनन्दन' कहलाते हैं गधे!'
लादे गठरियाँ ये बैसाखनन्दन
लो फिर चले घाट पर।
कान उठाकर सुनते हैं ये
कनबतियाँ
शोख हवा की।
भूख देह की आँख है,
जो भूख जानता है, जानता है देह भी!
भूख-भय-निद्रा मैथुन का रसावेग साधे हुए
गधे भी बढ़ जाते हैं घाट तक
मौन योगी-से और मुँह उठाकर मुझे देखते हैं!'
शायद वही हैं ये गधे
उसके सहलाए हुए।

× × ×

कुछ ग़ुम चोटें जग गई हैं।
पीठ कड़कड़ाने लगी है।
उँगली चटकाती है
बारहवीं की लड़की।

पीछे से तो ऐसी ही दीखती थी निर्भया मेरी!
जब वह बारहवीं में थी—
मैं बीमार पड़ गई थी!
उसने घर के सारे काम
सँभालते हुए
बोर्ड-परीक्षा दी थी!
हर ओर पसरे रहते थे
चौके के काम,
और किताबें आधी खुली हुईं
बुला रही होती थीं उसे
फड़फड़ाती हुई।
कुम्हड़े का तूम्बा लिये
औघड़ फिर आए—
आँखों में उड़हुल खिलाए!
सतुवानी का सतुआ लहक उठा,
फिर से टिकोले बौराए!
एक खटतुरूस गन्ध फैली है पूरी फ़िज़ा में,
जीभ किरकिराने लगी है
शहर की यहाँ भी!

जेठ

ब्रह्मांड पर
चुल्लू-भर चिप-चिप-सी धूप थाप
बरगद की रूखी लटें
उँगली से सुलझाए जाती वह चंचल हवा
निर्भया है क्या?
मनिहारिन-सी
मारकर पालथी
जेठ की दुपहरी
क्यों लगाती है बाज़ार अब भी?
रोल-गोल्ड की पत्तियाँ-डालियाँ,
बिंदियाँ, चूड़ियाँ फैन्सी
जिस पर फबती थीं इतनी ज़्यादा,
वो तो चली गई!
लिखा था बड़े-बड़े अक्षरों में
मरघट पर—

'यहीं तलक का साथ था,
पहुँचा दिया, धन्यवाद,
आगे हम ख़ुद ही चले जाएँगे!'
ऐसा ही कहती थी वो मुझसे
रोज़ गली के मोड़ पर
"अब लौट जाओ न, अम्मा,
आगे हम ख़ुद ही चले जाएँगे!"

क्या सचमुच चली गई ?
ऐसा नहीं है,
उल्टे पाँव लौट आएगी
जैसे लहरें लौट आती हैं तट पर,
लौट-लौट आते हैं
उसके सब साथी,
जाते हैं जब मुझसे मिलकर
लौटती है मुझ तक
उनमें ही
मेरी नन्ही निर्भया।

निर्भया : उत्तर कांड

आप सोचते होंगे मैं कौन हूँ!
निर्भया का साथी
जो उस दिन था उसके पास,
साथ था उस दिन भी
जब उसने देह की चप्पल उतारी
और डूब गई
एक अनन्त चक्र छोड़ती हुई
पानियों में।
हम एक कक्षा में थे,
वृंदा टीचरजी ने हमको पढ़ाए थे
कई पाठ ऐसे
जो हमको जोड़े रहेंगे सदा!
उसके चले जाने के बाद
वृंदा टीचरजी ने
दुनिया के ग्रंथों से चुनी हुई
छोटी कविताओं और
चुभते हुए क़िस्सों की
साफ़ फ़ोटोकॉपी करवा ली!
क्या जाने कितनी प्रतियाँ उनकी
स्पाइरल बाइंडिंग में
उन सुधारसदनों में बाँटीं
जहाँ उन्हें अपराधी बच्चों की
कक्षाएँ लेनी थीं।

वृंदा टीचरजी सच्चे अर्थों में हैं
साहित्य की डॉक्टर,
दिल के घावों
और आचरण के भेंगेपन के लिए
बाँटती रहती हैं इधर-उधर
रामबाण क़िस्सों-कहानियों के।
कई बाल-अपराधी
अब उनके साथ काम करते हैं इसी दिशा में।
अब जब सफल हो चला है किसी हद तक
उनका अभियान,
आँख मूँदकर सोचती हैं वे
उस दिन के बारे में
जब उनकी
सात बरस की बच्ची
गैंगरेप के सातवें दिन
धू-धू करके
विस्थापन बस्ती के
पिछवाड़े
इसी श्मशान में
जली थी!

मरे हुए बैलों के माँस से अघाए
बैठे थे गिद्ध पेड़ पर!
माँस पच रहा था अभी भीतर,
भारी था पेट!
योगियों-सा अपनी घेंट फेरकर
करते थे वे राम-राम!

गर्दन झुकाए हुए
एक फूल खिल तो रहा था
कामवासना के कुठारों से मारी गई
बच्चियों की क़ब्र पर
और चिताओं पर
'सत्य हरिश्चन्द्र नाटक' के

श्मशान-वर्णन से उठकर
नाच रही थीं वासनाएँ
'हम कट-कट-कट-कट-कट-कट हड्डी चाभेंगी,
हम गट-गट-गट-गट-गट-गट लोहू पीएँगी!''

चार बरस केस चला,
छूट गए सब संगी-साथी,
कहते हुए कि 'तू उल्लू है,
जो हुआ सो हुआ,
घर बैठ, ले ले मुआवज़ा!
क्या करेगी भेजकर
अपराधियों को तू जेल!
वे भी किसी के बच्चे ही हैं,
उनकी माँओं पर तरस खा!
उनके यों जेल चले जाने से
क्या तुझको मिल जाएगी बेटी!
दोष फ़िज़ा का है,
आदमी की क्या बिसात
'कूप में ही यहाँ पर्यो हैं।
याद रख बस ये ही बात!''
किसी की सुनी ही नहीं, केवल काम किया वृंदा टीचरजी ने,
बीच-बीच में मुझसे ही कुछ कहा
और हँसते हुए, जैसे ये—
''दूर वहाँ वह जो कोटर-सा दीख रहा है,
दरअसल मेरा दिल है!
उस दिल में ही डटकर बैठा है
संकल्पों का लाड़ला उल्लू
जो कोई उड़ा नहीं सकता
'उल्लू-उल्लू' कहकर मनोबल गिराता।
देखो तो साहचर्यजन्य प्रेम का नमूना,
मैं अपने उल्लू की निर्निमेष आँखों में
एक कालरात्रि का उतरना
चाहती हूँ पढ़ना
प्रेमकविता की तरह!

पहले तो डर लगता था सोचकर,
क्या होगा मेरा,
एक दिन जब यह उड़ जाएगा!
लेकिन अब यह जानती हूँ मैं कि
किसी के आने-जाने से
नहीं ख़तम होता कभी सिलसिला!
दुनिया के साझा अलाव में
चिंगारियों की बिसात ही भला क्या
आख़िर तो जीवन है
एक मशाल यात्रा!
और कुछ बाक़ी नहीं छूटता,
छूटती है बस ये गाथा
कि कोई किसलिए जिया,
और मरा तो वह मरा कौन-सी धुन में,
उस धुन में ताक़त थी भी क्या इतनी—
टनमना दे वो
हारे-थके हर बटोही को
कौन आग तापता हुआ
अपनी राह गया,
कौन ढहा भी तो
अपनी मशाल
किसी और को थमाता हुआ
जैसे निर्भया ने थमाई
यह कहते हुए—

'देह भी एक देश है जैसे,
यह देश भी देह है
एक शाइस्ता लड़की की
जिसे प्रेम रास नहीं आएगा
काम-क्रोध-लोभ से मताए
हुलुकबन्दरों का।
देशप्रेम के दावे ठोंकते रहें—
उससे क्या!
वह आपको घास डालेगी तब ही

जब आप अर्जित कर लें
प्रेम की योग्यता :
धीरज, उदारता, सहिष्णुता!'